TÔ FRITO!

TÔ FRITO!

**UMA COLETÂNEA DOS MAIS
SABOROSOS DESASTRES NA COZINHA**

LUCIANA FRÓES
& RENATA MONTI

ILUSTRAÇÕES DE
PAULO VILLELA

BICICLETA AMARELA
ROCCO

Copyright © 2017 *by* Luciana Fróes e
Renata Monti Barreto

BICICLETA AMARELA
O selo de bem-estar da Editora Rocco Ltda.

Direitos para a língua portuguesa reservados
com exclusividade para o Brasil à
EDITORA ROCCO LTDA.
Av. Presidente Wilson, 231 – 8º andar
20030-021 – Rio de Janeiro – RJ
Tel.: (21) 3525-2000 – Fax: (21) 3525-2001
rocco@rocco.com.br
www.rocco.com.br

Printed in Brazil/Impresso no Brasil

Coordenação editorial
BRUNO FIUZA

CIP-Brasil. Catalogação na fonte.
Sindicato Nacional dos Editores de Livros, RJ.

F956t   Fróes, Luciana
    Tô frito!: uma coletânea dos mais saborosos desastres na cozinha / Luciana Fróes, Renata Monti Barreto; ilustração Paulo Villela. – 1ª ed. – Rio de Janeiro: Bicicleta Amarela, 2017.
    il.

    ISBN 978-85-68696-54-5 (brochura)
    ISBN 978-85-68696-55-2 (e-book)

    1. Crônica brasileira. I. Barreto, Renata Monti. II. Villela, Paulo. III. Título.

17-42045
CDD–869.8
CDU–821.134.3(81)-8

Sem a parceria desse naipe estelar de chefs que se dispuseram a dividir conosco suas histórias, nós é que estaríamos fritas. Agradecemos a disponibilidade de tempo de cada um deles (na torcida de que nenhum prato tenha passado do ponto por culpa nossa). E aos amigos Cíntia Parcias, Ines Garçoni, Pedro Mello e Souza e Patricia Fróes (bem mais do que amiga, como o sobrenome indica), pelas preciosas colaborações. Agradecimentos ainda a Vivian Wyler, que topou o projeto; ao Bruno Fiuza, que tocou o livro; a Heliete Vaitsman, que fez o meio de campo; e ao mestre e dileto amigo Paulo Villela, que empresta a elegância do seu traço e seu humor refinadíssimo às páginas que se seguem.

Sumário

	INTRODUÇÃO..	9
1	CLAUDE TROISGROS	13
2	ALEX ATALA	25
3	ROBERTA SUDBRACK	41
4	ROGÉRIO FASANO	53
5	KÁTIA BARBOSA	65
6	ROBERTA CIASCA	77
7	PEDRO DE ARTAGÃO	87
8	FELIPE BRONZE	97
9	PEDRO SIQUEIRA	105
10	FLÁVIA QUARESMA	113
11	ZAZÁ PIERECK	123
12	ACADEMIA DA CACHAÇA	135
13	GUGA ROCHA	149
14	JAN SANTOS	161
15	JOSÉ HUGO CELIDÔNIO	169
16	ONILDO ROCIIA	179
17	THIAGO CASTANHO	185
18	MORENA LEITE	195
19	ELIA SCHRAMM	205
20	JANJÃO GARCIA...	213

Introdução

Todo cozinheiro tem uma boa história de erros para contar. Pode conferir. Afinal, a culinária é feita de imprevistos, escorregadas, de receitas que desandaram (e desandam e, aliás, sempre desandarão) e que, *viva!*, ganharam vida própria. São deslizes, distrações e acidentes que ocorrem nas internas dos restaurantes e, felizmente, acabam chegando ao salão. E até mesmo ao nosso prato. Frutos do acaso, ou do descaso, quando vistos com outros olhos se transformam em acertos adoráveis.

Do leite, esquecido ao relento, que virou queijo (e o que seria de nós sem o cochilo providencial desse camponês genial?) à luta de Dom Pérignon para controlar as borbulhas que fermentavam na garrafa e acabavam estourando, provocando o *ploft!* mais festejado do planeta. Tim-tim!, para todo o sempre, a esse santo homem. Amém.

Já as estabanadas irmãs francesas Stephanie e Caroline Tatin entraram para a história gastronômica universal ao deixarem a torta de maçã cair no chão (supostamente limpo) e, no sufoco, foram em frente: serviram ao cliente o doce emborcado mesmo. Assim, naquela noite chuvosa, na modesta cozinha da família, nascia uma das mais emblemáticas sobremesas francesas, a tarte tatin, reproduzida mundo afora como manda o figurino: de cabeça para baixo. A animação de Françoise Vatel, chef confeiteiro de Luís XIV, o Rei Sol, deu no que deu: ao bater muito além da conta o creme de nata com açúcar, viu surgir na sua frente uma nuvem espessa, densa, linda... Estava ali o nosso bom e velho creme chantilly, batizado com nome do castelo que serviu de berço a essa valiosa criação.

Errar é humano e universal, sabemos todos, mas tirar proveito dele é que são elas – haja prática, habilidade e, acima de tudo, conhecimento de causa. E de efeito. O grão de risoto do chef Claude Troisgros, num descuido, foi parar na frigideira com óleo fervente que estava ao lado. E espocou, pipocou, estourou e virou o "arroz pipoca", sucesso no cardápio do seu restaurante Olympe, no Rio. "Há anos procurava essa crocância e não encontrava", revela Troisgros. Tudo obra de uma simples escapada de um grão...

Roberta Sudbrack se define como uma caçadora de erros: "Quando escuto alguém na cozinha lamentar que algo deu errado, corro logo para ver de perto. Sei que dali vai sair coisa boa!" É o caso da sua farofa de banana, que levou a chef espanhola Helena Arzak, uma das mais prestigiadas do planeta, a pedir a receita. E suspirar de prazer. A tal farofa escura, de gostinho meio amargo e de textura única, foi fruto de quê? De erro, naturalmente: passou, e muito, do ponto na panela. "Mas não a ponto de não render alguma coisa boa", exalta Sudbrack.

Na abertura do D.O.M., de Alex Atala, há anos entre os melhores restaurantes do mundo, faltou gás justo na festa de inauguração. O chef acabou criando uma série de petiscos frios que entraram para a história e, depois, felizmente, para o cardápio.

O nosso *Tô frito!* (inspirado no desabafo do chef Claude Troisgros, que proferiu um "tô frrrito" cheio de erres quando o caldo entornou) é um apanhado de imprevistos que acontecem em uma cozinha, alguns bem-sucedidos, outros nem tanto, que foram parar nos cardápios dos melhores restaurantes brasileiros. Uma coletânea de histórias contadas na primeira pessoa por vinte chefs de destaque que, sem qualquer pudor e com bastante humor, dividem aqui com o leitor as saias justas que encaram dia sim e outro também em suas jornadas de trabalho. Um prato cheio de casos bem temperados, digestivos e divertidos.

"Tô frrrito!"

CLAUDE TROISGROS

O mais importante nome da gastronomia brasileira é francês, Claude Troisgros, mas que hoje já soma mais de três décadas de praia carioca. Integrante de uma família de cozinheiros renomados, capitaneada pelo patriarca Pierre Troisgros (um dos mentores da nouvelle cuisine, movimento dos anos 1970 que, juntamente com Paul Bocuse e Roger Vergé, revolucionou os preceitos da culinária francesa), à frente do restaurante três estrelas Michelin em Roanne, no vale do Ródano.

Claude desembarcou no Rio com pouco mais de 20 anos. E desde então só voltou para a França a passeio. Fincou o pé nas areias do Rio (aliás, começou por Búzios) e foi ficando, ficando, casando, procriando e fazendo o seu nome em tempos de vacas magras por aqui, onde ingredientes mais elaborados eram coisa rara nas feiras e mercados. Diante da escassez, usou seu talento para adaptar receitas clássicas francesas nos trópicos e fez de frutas locais, como o maracujá, uma das estrelas da cozinha.

Pelas mesas de seu Olympe, uma estrela Michelin, no Jardim Botânico, lá estão as bengalinhas de polvilho ao curry, versão *gourmet de um dos ícones cariocas: o Biscoito Globo. A seguir, entremeado por sonoras gargalhadas, Claude conta os atropelos hilários de sua carreira. Aliás, foi do arroz arbóreo que, por descuido jogado na frigideira quente, espocou e virou o "arroz pipoca", de onde saiu o título deste livro. Diante do incidente, o chef gritou em alto e em bom som: "Tô frrrito!"*

Olha a barata aí...

Abri meu primeiro restaurante aos 24 anos, com pouquíssimo dinheiro no bolso. Estava recém-casado com a mãe de meus dois filhos, Thomas e Carolina, a Marlene. Juntamos nossas economias e alugamos um pequeno espaço no Leblon, na rua Conde de Bernadotte, que na época era um deserto. Éramos só nós ali. Levamos a geladeira de casa, nosso som, a Marlene fez as cortinas e, *voilà*, um dia abrimos o Roanne, homenagem ao restaurante de meu pai, na França, onde fui criado levantando as panelas da cozinha com meus irmãos e primos.

Era um espaço mínimo, dezoito banquinhos sem encosto, um desconforto completo, tão pequeno que mal dava para levar os pratos até à mesa. Nossas economias estavam todas aplicadas ali. Abrimos animados, Antônio como *maître*, Marlene ajudando no salão e eu na cozinha. No primeiro dia, não apareceu ninguém. Fechamos a casa sem um cliente sequer. No dia seguinte, chegou um casal, olhou o cardápio e... foi embora. No terceiro dia, chegou uma dupla, dois amigos que se acomodaram do jeito que deu. Com uma única mesa ocupada, num restaurante mínimo, claro que fui puxar conversa com os dois. Um deles me olhou e perguntou a razão do nome, Roanne. Respondi que tinha nascido lá, que minha família toda era de lá. Ele contou que todos os anos ia a essa cidade para comer no restaurante Roanne, de que era fã. Indagou se eu conhecia. Respondi que sim, mas não disse mais nada. Imagina eu contar que era filho do Pierre naquele espaço micro, com banquinhos desconfortáveis... Nem cartão de visita nós tínhamos. Os dois comeram, beberam e deixaram a casa satisfeitos.

No dia seguinte, milagre! Havia fila na porta do Roanne. Lista de espera, uma coisa impensável. Eram artistas de televisão, gente da sociedade, inacreditável. Descobri quem eram os dois clientes que atendi na véspera: nada menos do que o Boni, o José Bonifácio de Oliveira, e o Armando Nogueira, ambos gourmets e poderosos das organizações Globo. A partir daí o restaurante passou a lotar todos os dias.

Numa tarde de casa cheia, eu estava na cozinha e avistei uma barata enorme subindo pela parede, rente à Lilibeth Monteiro de Carvalho, lindamente bem-vestida, com amigos em uma mesa animada. Entrei em pânico: deixo as panelas no salão e mato a barata? Não era uma boa ideia... Ia ser um escândalo! Foi quando Lilibeth (a quem só fui ser apresentado depois), tirou sua sandália linda do pé, saltos altíssimos, e na maior naturalidade matou a barata.

E continuou a conversa tranquilamente com as amigas, como se nada tivesse acontecido. O problema estava resolvido.

E seguimos em frente fazendo sucesso. Com os lucros do Roanne fizemos caixa e, anos depois, abrimos o que é hoje o Olympe, restaurante com três décadas, no Jardim Botânico.

O gato caiu do telhado

Depois do Roanne, foi a vez do meu restaurante mais caprichado, uma casa amarelinha (hoje de tijolinhos aparentes), de esquina, no Jardim Botânico, onde estampei meu nome na porta. Eu tinha já uma certa trajetória no Rio, o restaurante decolou e não parou mais. Há quinze anos, mudei o nome para Olympe, homenagem à minha mãe. A casa é muito simpática, e o primeiro projeto incluía uma salinha privê, para dez a doze pessoas, e decoração caprichada. A casa estava linda, tinindo. No dia da inauguração estava tudo pronto, só faltava o lustre da tal sala privada. O buraco estava aparente. Nada grave, pensei. E abrimos desse jeito.

Eu explicaria aos clientes e eles entenderiam, claro. Chegou a noite de estreia e a mesa reservada tinha doze pessoas. Mais uma vez o Boni me prestigiando. Tudo certo, não fosse o medo constante de um gato, que tomava conta da sala.

– *Miauuuuu, miauuuuu, miauuuuuu* – um miado sonoro insuportável.

Pedi então ao Batista que subisse no telhado e capturasse o tal gato inconveniente. Recomendei que fosse discreto, que não fizesse barulho, porque o restaurante estava lotado. E lá foi o Batista para o telhado. Mas... não voltava nunca! Dez, quinze, vinte minutos e nada. Até que ouvimos um estrondo da cozinha: Batista, gato e parte do telhado desceram pelo buraco do lustre e despencaram no meio da mesa.

O gatinho, claro, virou nosso mascote. Vive por lá.

Saia justa em Miami

Eu estava na cozinha, experimentando os pratos, e provei as vieiras que tinham acabado de chegar de um novo fornecedor de Angra dos Reis. Maravilhosas, fresquinhas! E, com o gosto do molusco ainda na boca, fui para a área das sobremesas provar uma calda à base de doce de leite. Uau! E não é que vieira com doce de leite dava uma liga espetacular? Dessas coisas que o acaso conspira a favor. E nos leva a boas criações. Não pensei duas vezes: lancei vieiras com um toque de doce de leite no cardápio. E o sucesso foi estrondoso. Os clientes chegavam ao restaurante só para comer o prato.

Nesse mesmo ano, fui convidado para participar do Food and Wine Festival de Miami, que homenageava naquela edição o Anthony Bourdain, que não é mais chef, mas continua falando de cozinha, sempre apresentando programas de televisão de enorme sucesso, inclusive no Brasil. Fui um dos cinco chefs a assinar o jantar para o homenageado. Decidi incluir as tais vieiras com doce de leite. E a turma aprovou.

No ano seguinte, olha como é a vida: de volta a Miami, onde prestava consultoria para o Hotel Delano, vi na orla um grande cartaz anunciando uma aula pública do mesmo Bourdain. Ele ensinaria a preparar alguns pratos e conversaria com o público. Fiquei curioso e resolvi ir ver o Bourdain. Eu estava sozinho e consegui um lugar bem próximo ao enorme palco montado nas areias de Miami Beach. Era um megaevento.

Ele ocupava uma cadeira no centro do palco e era rodeado por várias pessoas. E essas pessoas iam fazendo perguntas, as mais variadas. Até que uma delas quis saber qual o pior prato que ele já tinha comido na vida.

E foi então que ele mandou na lata, sem pestanejar:

– Vieiras com doce de leite.

E a gargalhada foi geral.

Não pude acreditar no que estava ouvindo ali, no meu nariz. Era o meu prato! Será que ele citaria o meu nome?

Felizmente, ninguém se interessou em saber o autor de "tamanha aberração". E eu continuei servindo o prato, certo de que é uma das combinações mais felizes da minha cozinha. Aliás, sugiro que vocês provem. Ou copiem.

Olha o frio

Fui convidado para assinar o cardápio da festa do CFDA Awards, o "Oscar da Moda", que aconteceu em Nova York. A cozinha foi montada em uma grande tenda no Lincoln Center, era enorme, bem equipada, tinha uma equipe numerosa. Afinal, era um jantar para mais de mil pessoas. Programei um cardápio especial para a ocasião, todos os pratos com um visual caprichado, pois afinal de contas era uma festa da moda.

Um deles se chamava Carnaval, uma combinação de abacate com camarão e legumes multicoloridos por cima, que lembravam serpentinas. É um prato belíssimo. Montamos todas as saladas duas horas antes e deixamos dispostas na bancada, enquanto tocávamos os outros pratos do menu.

Acontece que estávamos no mês de janeiro e os termômetros marcavam dez graus abaixo de zero. Era um frio colossal. Daí, quando nos dirigimos para a tal bancada das saladas Carnaval, os legumes tinham congelado. Eram pedrinhas de gelo. Pânico. O jantar começaria em segundos.

E foi aí que vi que eu tinha virado um pouco brasileiro, porque logo achei um "jeitinho" de contornar o episódio. Equipei uma brigada de funcionários com maçaricos: os pratos iam saindo e *"shummmmm"*, um foguinho certeiro sobre os legumes os deixava lindos, coloridos, radiantes...

Foi, disparado, o mais bonito da sequência. E ganhou destaque na imprensa.

ALEX ATALA

Milad Alexandre Mack Atala, mas pode chamar de Alex Atala, o chef brasileiro mais festejado, premiado (e criticado), paulista da Mooca, criado em São Bernardo do Campo, três filhos, ex-DJ e pintor de paredes, cozinheiro há mais de duas décadas. Desde 2006, o D.O.M. e sua cozinha farta em formigas e outras brasilidades mais figuram na lista dos melhores restaurantes do mundo, segundo o ranking World's 50 Best. Alto, ruivo, 16 tatuagens espalhadas pelo corpo, Atala conta que existe um ônus alto em virar referência. E de ousar no que faz. Seu primeiro restaurante, o Namesa, causou estranhamento pelo formato inédito: apenas uma mesa, onde todos sentavam e comiam juntos. Foi duro de engolir, mas acabou sendo um sucesso.

Em 2007, escreveu pessoalmente no cardápio do D.O.M. que daquele momento em diante abolia o uso de produtos importados, como foie gras e trufas, em prol dos ingredientes brasileiros. Nessa época, já começava a flertar com os sabores da Amazônia: de explorar a matéria-prima local, de beber na fonte brazuca. Foi parar no paredão: "demagogo" foi a acusação mais leve que ouviu. Alguns passaram então a cobrar a retirada de cena dos *azeites extravirgens, dos champanhes, dos* parmeggianos *etc. "O pioneirismo tem seu preço. Hoje, conto no dedo os restaurantes paulistas que servem trufas e foie gras", diz.*

Amante da caça e da pesca ("Nada mais gostoso do que comer um peixe que eu mesmo pesquei"), desde moleque está acostumado a se embrenhar no mato, por onde circula com enorme intimidade. Durante as filmagens de seu episódio no Chef's Table, série gastronômica da Netflix, pegou uma cobra com as mãos, para desespero dos cinegrafistas gringos, que mal conseguiram filmar a cena. Saíram batidos dali.

Emoções? Sua vida é cheia delas. E sua cozinha também.

Quando indagado sobre os desastres que encarou ao longo da carreira, ele não pestanejou e respondeu sorrindo: "De uma lista enorme do que pode dar errado, eu cumpri praticamente tudo."

"Resumo da minha vida profissional? Um misto de ingenuidade com golpe de sorte."

Futuro? "Foco na cozinha simples. É das limitações das pessoas mais humildes, de recursos quase zero, que sai a cozinha genial. E nova. É esse lado que me interessa hoje."

Uma curiosidade: entrevistei Atala com a mão enfaixada, por conta de uma queimadura de segundo grau, fruto de uma cha-

leira de água fervente que virou. Ao mostrar o estrago para o chef, ele contou duas coisas inéditas para mim: a primeira, que sua mãe é especialista em queimaduras. A segunda, que o melhor remédio numa hora dessas é água fria e... rodelas de tomates. Simples assim.

Cadê o gás?

Depois que o Namesa, minha primeira investida solo como chef e dono de negócio, fechou, um antigo proprietário de um restaurante japonês estava querendo se desvencilhar do imóvel. Perguntou se eu não me interessaria em ficar com o ponto. Era um bom espaço, bem localizado. Acabei topando, apesar da absoluta falta de dinheiro.

A grana era escassa, tudo contadinho no lápis: quebra parede aqui, abre uma lâmina de vidro para a cozinha ficar visível (sempre cozinhei diante do cliente, gosto dessa interação), corre atrás de equipamentos, de mobiliário. E o dinheiro só minguando. Chegou um momento que não dava mais, não podíamos esperar um dia sequer para abrir a casa. Minhas finanças secaram, não tinha mais um centavo para investir. E assim, no laço e sufoco, marcamos a data de abertura do D.O.M. e pensamos em um cardápio espetacular para a estreia ser gloriosa.

Equipe tinindo, salão lindo, notícias sobre a abertura na mídia, lista volumosa de convidados: fomos com tudo. No dia marcado, acordamos cedo, coração aos pulos, afinal havia pendências, muito por fazer, e o mais preocupante: o gás ainda não tinha sido ligado.

Marcaram e não apareceram. E o tempo foi passando, o relógio se adiantando, o horário de chegada dos convidados se aproximando e o friozinho na barriga virou um friozão. Senti que tínhamos que pensar em um plano B para aquela noite. E se não tivermos fogão para cozinhar, assar, fritar? Não deu outra. Definitivamente, não teríamos gás naquela noite.

Quase não tivemos comida, também, já que a saída foi bolar uma sucessão de pratos frios, os mais variados canapés, um atrás do outro. Só tivemos gás ligado na noite seguinte, quando pudemos mostrar nossa proposta de cozinha e os canapés, claro, saíram de cena.

Acredite se quiser: o D.O.M, primeiro restaurante brasileiro a integrar a lista dos melhores restaurantes do mundo da revista inglesa *The Restaurant*, inaugurou sem fogão.

"O tamboril estava lindo, fresco, carnudo, mas era uma posta inteira. Era preciso limpá-la. E foi o que fiz..."

Por um triz

Quase tive meu braço amputado. Em Singapura. É tô frito na veia.

Fui chamado para comandar um jantar no Hotel Ritz Carlton de lá, convite irrecusável. O restaurante é referência na Ásia e no mundo, daí, topei na hora, claro, seria uma experiência maravilhosa. Assim que fechei com eles, começamos a trocar mensagens, sugestões de cardápio e a relação dos ingredientes de que eu precisaria encontrar na minha bancada. Pedi, entre outras coisas, uma boa peça de tamboril, queria servir o fígado dele, que é bastante interessante. Expliquei detalhadamente como queria a posta. Aprendi que os asiáticos são assim: se você escrever qualquer coisa errada, eles vão reproduzir errado mil vezes, quase impossível de reverter; mas se, ao contrário, você especificar certinho, eles vão repetir mil vezes certo, beirando a perfeição.

Como já tinha aprendido isso, fui cuidadoso nas minhas mensagens. Logo, embarquei nessa longa viagem, tranquilo e animado com o que eu teria pela frente.

Os pratos que reservei para compor o menu da noite, eu já estava acostumado a fazer no Brasil, tinha intimidade com as receitas e o manuseio. Logo, assim que cheguei ao hotel, dei uma passada na cozinha apenas para cumprimentar os cozinheiros e conferir as compras que havia solicitado. Tudo certo. E avisei que subiria para o meu quarto para dar uma descansada. Não ia conseguir trabalhar naquele momento. Precisava de um bom banho de banheira para relaxar.

E subi para o meu apartamento. Lindo, vista bacana e uma tremenda banheira. Tenho por hábito manter as unhas sempre curtas. Isso desde antes de virar cozinheiro. É coisa minha, mesmo. E faço isso depois do banho, quando a unha fica molinha e mais fácil de aparar. Cumpri o ritual ali no quarto do hotel. De tesourinha em punho, fui cortando as unhas amaciadas depois do banho generoso. E foi aí, nessa minha função corta-corta, que acabei tirando um cantinho de mal jeito, que acabou ferindo ligeiramente. Não dei maior importância, desci e fui me juntar aos cozinheiros, animadíssimo.

O tamboril estava lindo, fresco, carnudo, mas era uma posta inteira. Era preciso limpá-la. E foi o que fiz. Me armei das minhas facas, viajo sempre com elas, e comecei a função. E foi quando o (meu) drama começou. Sabe o tal cantinho ferido na unha? Foi por ali que entrou uma bactéria altamente agressiva, presente no peixe. Em menos de 20 horas minha mão inchou a ponto de ficar da mesma largura do meu bíceps. Era uma tora só, inteira, inchada, pulsando.

Pânico. A bactéria, do tipo anaeróbica, é superinvasiva, produz um tipo de gás venenoso que vai percorrendo o seu corpo. É bem perigosa. Para virar uma infecção generalizada não precisava muito. E daí para a morte, é um pulo. Fui levado às pressas para o hospital e o primeiro procedimento ventilado foi o de amputar o braço. É a medida mais segura mesmo, a única forma de conter o avanço da infecção pelo organismo. Não tinha saída. Estava no país como convidado de um hotel renomado; logo, estava muito bem cuidado, num hospital moderno, mão de obra de primeira.

Entrei em pânico com a possibilidade de ficar sem um braço, imagina isso. Minha profissão, eu a quilômetros de distância da minha casa, minha mulher no Brasil grávida de gêmeos.

Um pesadelo. Mas fui salvo por um detalhe: a tal bactéria não tinha entrado ainda no túnel do carpo, uma região na altura do pulso. Ainda havia uma saída para mim. Se ela tivesse entrado ali também, estava frito. Perderia o braço. Diante disso, resolveram operar e extrair o gás do meu braço. Foram 15 dias de hospital em Singapura, três cirurgias (e mais outra em São Paulo), e algumas cicatrizes pelas mãos de lembrança.

O jantar correu a contento, eu de longe, chefiando a distância. Era uma equipe excepcional de um restaurante maravilhoso...

Lição da história? Continuo cortando as unhas curtinho. Mas nunca antes de cozinhar.

Porta dos fundos

Tenho uma prática nos meus restaurantes de fazer um jantar no final do dia de domingo. É para todos os funcionários, baixa a turma da casa inteira no mesão. Costumam ser divertidíssimos. A cada domingo, cozinha alguém da equipe. Recebo muitos chefs estagiários de fora, de outros países, então costuma ser interessante, experiência rica e gostosa para todos. Na vez do Geovane Carneiro, um baiano que começou como lavador de pratos, fez faculdade, aprendeu tudo de cozinha e hoje é o meu braço direito e esquerdo também (50% do meu nome quem fez foi ele), ele programou uma galinhada.

A tal da galinhada fez um sucesso estrondoso. Foi arrebatador! Tanto que o posto virou vitalício: só dava Geovane e galinhada. Passamos a chamar os cozinheiros da vizinhança, outros que já tinham passado pela cozinha do D.O.M., mas que estavam trabalhando em outros restaurantes e alguns clientes mais chegados. E a casa lotava. A boa fama acabou se espalhando e um dia a rua fechou de gente. O trânsito parou! Passamos então a galinhada para o Dalva e Dito.

E virou evento.

Baixaria das boas

Chef é um profissional que lida com os mais impensáveis ingredientes. Da cozinha e do salão. Sou um cozinheiro que gosta de se dividir entre as panelas e as pessoas. Curto estar perto do cliente, de ouvi-lo, ver sua expressão. Lugar de chef é no restaurante: nas internas e externas. É assim que trabalho há anos. Quando estou ausente, o cliente comerá igualmente bem como se eu estivesse no comando. Não tenho dúvida disso. Podem até comer melhor. Mas, sempre que possível, estou no batente. E de mesa em mesa, porque gosto e me dá prazer. Todas as minhas cozinhas foram, são e sempre serão abertas.

Numa tarde, horário já avançado no Dalva e Dito, entrou um casal: ele, conhecido da casa, cordões grossos de ouro, muitos anéis no dedo, camisa florida, cabelos engomados, falante. Entrou acompanhado com uma jovem que fazia ponto em uma das esquinas próximas ao restaurante. Uma prostituta que não fazia a menor questão de esconder sua profissão. Tinha acabado de mandar vários pratos para o salão e pude, então, recepcionar pessoalmente o casal recém-chegado.

Ele abriu um sorriso largo e, em voz alguns decibéis acima, me disse: "Chef, faça o melhor que você puder para essa deusa. Prepare uma coisa especial, única, para essa princesa, porque ela merece." Ouvi, acatei e voltei para a cozinha com essa função: fazer algo especial para a deusa. Preparei uma sobremesa de chocolate com uma folhinha de ouro decorando, que achei que impressionaria. E levei até eles certo de que agradaria.

Mas a deusa estranhou, quis saber que papel era aquele, que ela não ia comer ouro, que passaria mal... Ele fazia um movimento para convencer a moça a pelo menos provar um pouco:

– Coma, minha filha, os chineses comem, os reis comem, os milionários adoram – ele dizia.

E ela mexia a cabeça negativamente, cutucando o doce. Ele então, já meio irritado, mandou essa no meio do restaurante, para todo mundo ouvir:

– Minha filha, coma um pouco, na pior das hipóteses seu c... vai ficar joinha, joinha...

Olhei para os lados, todos boquiabertos, e dei uma gargalhada sonora. O constrangimento se foi, mas o doce voltou joinha para cozinha. Intocado...

Olho no simples

Há tempos deixei de focar no sofisticado e passei a apostar no simples. É na cozinha de pessoas humildes, sem recursos, que bebo na fonte. É na escassez que se cria. E se fazem coisas maravilhosas.

Difícil a esta altura eu me deparar com algum ingrediente novo. As fontes estão esgotadas. Mas não as formas de lidar com eles. Outro dia fui a um sítio nos arredores de São Paulo, propriedade bonita de um amigo próximo. A primeira coisa que costumo fazer quando chego a locais mais afastados do centro é "me chegar" nos que vivem por ali. Me cheguei no caseiro, figura encantadora, com quem puxei conversa e engatamos um papo longo, em que ele contava as mazelas da vida, das dificuldades e pobreza da família. Para ilustrar o grau de necessidade que passou na infância, ele contou uma coisa genial: de tão pobres que eram, usavam o bambu, que é oco, como recipiente para assar coisas como milho, por exemplo. A mãe misturava farinha de milho molhada com açúcar cristal, enchia o bambu oco com essa pasta e assava no forno. Segundo ele, ficava uma maravilha.

De lá para cá, só penso nisso, em reproduzir esse bambu no fogo. Como será cozinhar algo dentro de um bambu? Deve ter um gosto excepcional, vegetal, natural.

Se eu tivesse que falar dos caminhos da minha cozinha, apontaria para essa direção. Não estou de olho em nenhum chef estrelado mundo afora. Minha escola é aqui, de olho nas pessoas simples. Entro no táxi, puxo conversa e lá vem uma lição de vida. O lavador de pratos, certamente, tem uma boa contribuição a dar.

É isso, meu momento é esse. Estou voltado para o simples, para a sabedoria dos menos abonados, que, diante da escassez, lançam mão de toda a criatividade para criar uma cozinha inédita, única, e quase sempre genial. O que eu preciso agora é de um bom bambu.

ROBERTA SUDBRACK

Roberta Sudbrack já foi eleita a melhor chef da América Latina pelo ranking Latin America's 50 Best. Não é pouco para essa cozinheira cheia de predicados, dona de uma cozinha recheada de brasilidade e ousadia, que arranca elogios por onde passe e cozinhe. Curiosa, instigante, criativa e ousada, ela vai até o caroço, literalmente, como foi no caso da jaca, quando torrou a noz da fruta, cozinhou, assou, braseou, fez e aconteceu. Com o milho, não dispensou sequer os fiapos da espiga, que fritou e transformou em "nuvem" na boca.

Nas mãos de Sudbrack, tudo se transforma. Para melhor. Gaúcha, autodidata, começou sua vida vendendo cachorro-quente em um trailer ao lado da avó, em Brasília. Mas, atenção, a mostarda era Dijon e a linguiça artesanal. Serviu reis, rainhas e chefes de estado (incluindo Fidel Castro, Tony Blair e Bill Clinton), nos tempos em que esteve à frente da cozinha do Palácio da Alvorada.

Há dez anos vive no Rio, onde comandou uma das melhores referências de boa mesa carioca, o seu restaurante RS, no Jardim

Botânico. Recentemente, driblando todas as previsões, virou suas panelas para o simples, descomplicado e barato: lançou seu Sud Dog, um food-truck de cachorro-quente, que já chegou a São Paulo. E abriu uma casa de sanduíches sem pratos, talheres nem taças de vidro, o Da Roberta, um espaço "garagem", cuja cozinha funciona num food-truck estacionado dentro da loja. Uma viagem das boas. Aqui, ela confessa com todas as letras: é aficionada por erros. Os melhores momentos de sua cozinha, conta a seguir, são frutos de uma leva de gratas derrapadas.

Entortando

Eu sempre digo que o meu processo de criação é altamente dependente dos erros. Sou autodidata, aprendi tudo sozinha, na marra. Errando e acertando. Tenho por religião não descartar nada na minha cozinha, acredito que tudo merece atenção, tudo pode se expressar de uma maneira diferente, tudo pode falar outras línguas. Seguindo esse princípio, nada pode ser ignorado, nem os erros. Muito pelo contrário – às vezes eles podem ser fonte de inspiração. Dentre as muitas mudanças de percurso (aprendi a me referir aos erros desta maneira) em minha carreira, algumas renderam ótimos resultados.

Certo dia em casa, cozinhando para os amigos, bem no início da minha trajetória, resolvi testar a receita de uma torta de peras. Como me é peculiar, deixei para prepará-la no mesmo dia de servir. E foi um desastre – as proporções descritas na receita estavam absolutamente erradas.

A massa desandou e eu me vi temendo a campainha tocar, olhando para aquela torta toda desmilinguida e sem a menor chance nem tempo de ser refeita. Só o que me sobrou nas mãos foram as peras, lindamente cozidas e caramelizadas. Nessas horas, você tem que ter sangue frio e, acima de tudo, decidir qualquer coisa muito rápido.

Transformei rapidamente a torta, que tinha ares clássicos, numa versão mais moderna, com ajuda de um pouco de massa filo que estava na geladeira. E assim nasceu, de um erro, uma das minhas sobremesas mais conhecidas: a tortinha de pera e tapioca.

Olha a banana!

Quando subi ao palco de um dos congressos de gastronomia mais importantes do mundo, o Gastronomika, em San Sebastián, na Espanha, não tinha ideia de que a minha farinha de banana faria tanto sucesso e daria tanto o que falar. Servi para inúmeras pessoas que estavam na plateia, entre elas muitos chefs do mundo inteiro.

Assim que desci do palco, muitos vieram falar comigo, me parabenizar pela palestra e, sobretudo, comentar sobre o sabor marcante e transgressor da farinha de banana. Entre os chefs que mostraram muito entusiasmo, estavam Helena Arzak e seu pai, o mítico Juan Mari Arzak, em pessoa. Helena me disse que estava encantada com aquele sabor e que aquela receita era uma das coisas mais interessantes que havia visto nos últimos tempos. A repercussão foi inacreditável.

Agora eu conto para vocês como nasceu a farinha de banana... Todos os anos escolhemos um ingrediente para estudar, esmiuçar, compreender e fazer experimentações. Passamos o ano inteiro debruçados nesse ingrediente tentando entender todas as suas características e reações nas mais diversas situações.

Bem, era o ano da banana e, claro, estávamos testando suas reações. De repente, vejo um cozinheiro passando encolhido, tentando se esconder e carregando uma travessa enorme cheia de bananas que, na visão dele, tinham passado do ponto num dos testes. Tinham mesmo! Mas não a ponto de não render alguma coisa boa. Falei:

– Alto aí! Aonde você pensa que vai?

– Vou jogar no lixo, chef. Passou...

– Vai não! Traz aqui, deixa eu ver. Tira daí, deixa secar um pouquinho mais e bate no processador até virar uma farinha bem lisa.

Bingo! Nasceu a incrível farinha de banana! Um ícone da minha cozinha.

O difícil foi mapear o processo para repetir o erro – dessa vez, sem errar.

Cozinhando no Palácio

Essa é clássica e quase trágica. Eu era chef do Palácio da Alvorada, cozinhava diariamente para as pessoas mais importantes do mundo: rei e rainha da Espanha, primeiro-ministro britânico, presidente da França... E o presidente da Itália, Carlo Ciampi. Nesse dia, resolvemos servir um grande banquete.

Nunca vou esquecer. O presidente Fernando Henrique Cardoso mandou me chamar no salão e todos os convidados levantaram e me aplaudiram. Voltei para casa chorando tanto que quem me via achava que algo tinha dado errado. E tinha! Apesar de o choro, nesse caso, ter sido de pura alegria e emoção, no meio do caminho nós havíamos encarado uma situação desastrosa.

O prato principal era uma codorna. Chegamos à cozinha às seis da manhã para começar os preparos mais demorados. Entre eles, o molho da codorna, que passou o dia inteirinho em fogo baixo. No final da tarde, retiramos do fogo, coamos e cuidadosamente finalizamos o bendito. Na hora do serviço, os pratos estavam saindo no tempo certo, as notícias que o mordomo trazia do salão eram boas, tudo fluía bem.

Chegou a hora do prato principal. Pedi para trazer a codorna e escalei uma pessoa só para esquentar o molho e conduzi-lo da cozinha, que ficava obviamente nos porões do palácio, até a copa no segundo andar. Mariano era o nome do cozinheiro responsável pelo molho. Moreno, de estatura baixa, sempre bem-humorado, adorava fazer piada. Estávamos concentrados, mas, admito, um pouco relaxados. Afinal, estava tudo saindo muito bem, dentro do previsto, estávamos felizes. Mariano apareceu no alto da escada pálido, mudo, estático. Só conseguiu murmurar, com a voz trêmula:

– Chef, o molho.

Eu disse:

– Mariano, deixa de brincadeira.

– Chef, o molho...

– Para de palhaçada, Mariano, traz o molho já!

– Chef, o molho...

Àquela altura, todo mundo já tinha entendido que não era brincadeira. Um dos meus cozinheiros chegou ao meu ouvido e disse:

"Chef, o molho..."

– Chef, eu acho que não é brincadeira.

Fomos correndo até a escada e lá estava ele esparramado nos degraus.

O silêncio foi completo. Ninguém se mexia. Ninguém respirava. Eu disse:

– Traz manteiga, traz a castanha-de-caju da sobremesa, traz passas! Comecem a servir a codorna.

– Mas chef, e o molho?

– Comecem a servir, que eu já chego com ele. Servimos a codorna com uma emulsão de manteiga queimada, castanha-de-caju e passas.

Minutos depois, fui chamada ao salão de banquetes do Palácio da Alvorada para a cena que me faria chorar pela noite inteira: fui aplaudida por todos os convidados.

O pão que o diabo amassou

Sempre quis fazer meu próprio pão. E foi uma luta aprender a dominar a tal da fermentação natural. Afinal, trata-se de um "ser vivo", daí, é preciso entender "a criatura", seus caprichos, domar o seu gênio... Adianto que é um "ser" complicado. Vivi incontáveis tentativas, de livro em punho, receita decorada e devidamente anotada. Estava exaurida.

Um dia, guardei a "matriz" do fermento, fruto de tanto esforço, dentro de um vidro que deixei na estante da cozinha. Estava ali o resultado de meus experimentos por um longo tempo. Deixei no vidro e esqueci dele por dias, meses, não sei precisar.

Coube à minha faxineira me lembrar. Ela era uma ótima funcionária, botava a casa de cabeça para baixo limpando, varrendo, polindo tudo que via pela frente. E, *voilà*, se deparou com aquele vidro fechado, *hummm*, que era preciso abrir para desvendar que mistério era aquele. E foi então que, ao remover a tampa, uma massa grudenta pulou no seu rosto.

Fechado por dias, por meses, o fermento chegou ao seu auge. E explodiu. No rosto dela, coitada, que levou um baita susto. Da sala, só ouvi um grito vindo da cozinha. Apressei-me para ver o ocorrido. E me deparei com a cena. E com o meu vidro dentro da lixeira, que ela despachou sem perdão. Claro que resgatei o meu tesouro ileso, levei para o restaurante e comecei a produzir as primeiras fornadas com aquele fermento fantástico.

A primeira leva acabou não saindo do jeito que imaginávamos. Um de meus ajudantes, em vez de modelar o pão em pequenas peças individuais, colocou a massa inteira no forno. Fazer o quê? Assamos daquele jeito e ficou lindo, casca e miolo irretocáveis. Na hora de servir, cortei com a mão mesmo, uma coisa bem artesanal, e como faziam os primitivos – afinal, o pão não é primitivo?

Pronto, a partir daí dei ao pão da casa o nome de Primitivo, e desde sempre é assim que chega à mesa, cortado com a mão, bem... primitivo. Os clientes já sabem e adoram. Nós também.

ROGÉRIO FASANO

Ele não é chef de cozinha, mas o que está na panela (e no prato) tem o dedo dele. A arte de comer bem, ele conhece desde pequeno, está em seu sangue e no de toda a família Fasano.

Em 1902, Vittorio Fasano abria a Brasserie Paulista, que fez história em São Paulo. Colocou o sobrenome Fasano no mapa gastronômico do país, e não saiu mais. Fasano virou sinônimo de boa mesa, de luxo, requinte, excelência. E muito dessa boa fama se deve a Rogério Fasano, o Gero, terceira geração dessa família de imigrantes vindos de Milão.

Nos anos 1980, Rogério entrou para o ramo. Não que quisesse, mas por caminhos da vida. Ele morava em Londres, onde estudava cinema, sua paixão. Mas uma crise financeira nos negócios do pai o trouxe de volta ao Brasil. Com 20 anos, já estava à frente de um restaurante, o primeiro de um grupo que hoje soma cinco casas estreladas entre Rio e São Paulo, hotéis pelo país (e fora do Brasil, como um em Punta del Este, no Uruguai, e outro em Miami), boates, condomínios e uma linha de produtos da casa, prestes a ser lançada.

Irreverente, divertido, exagerado e passional, ele fala aqui de suas peripécias em todos esses anos de estrada. E conta o impensável: "Meu primeiro restaurante foi um fracasso estrondoso. Dá para acreditar?" Numa conversa recheada de lembranças e boas risadas no terraço do Hotel Fasano, com direito a um belo pôr do sol tipicamente carioca, Gero lembrou dos atropelos que encarou nos seus últimos trinta anos no ramo.

Colher de chá

Sou de família de gourmets, de comilões, de apaixonados por comida. Boa comida. Bisavô, avô, pai, irmãos, todos, de uma forma ou de outra, trabalham ou trabalharam nessa área. Mas eu queria mesmo era estudar cinema.

E foi o que fiz: fui morar em Londres para estudar o que amava. E fiquei, até receber uma ligação do meu pai, Fabrizio, me chamando de volta a São Paulo. Os negócios não estavam bem. Meu pai era dono de uma marca de uísque nacional, o Old Eight, que fez sucesso no Brasil. Mas acabou quebrando. Fui chamado de volta para apagar o incêndio, administrar dívidas. Juntos, felizmente, conseguimos.

Já com as finanças sanadas, me vi repetindo a trajetória de meu bisavô e de meu avô: aos 20 anos, lá estava eu abrindo, em parceria com o meu pai, um restaurante. Ficava no complexo gastronômico do shopping Eldorado. Era projeto inovador, inédito, um piso só de restaurantes bacanas. Naqueles tempos, anos 1980, quem mandava no mundo era a cozinha francesa – na verdade, a *nouvelle cuisine*. Só dava ela. Daí, a ideia era de que tocássemos uma casa francesa. Ok, fomos em frente. Contratamos um bom chef francês, da mesma categoria de um Laurent Suaudeau, e abrimos o Le Jardin Gastronomique. Sim, o nome era esse, cafona mesmo, cheio de pompa, mas que soava bem. Era o que a turma queria.

O chef era bom, mas lidar com ele era difícil. Para o meu lado, difícil mesmo era encarar aquelas porções mínimas no prato, o oposto da fartura da cozinha que amávamos, a italiana.

E abrimos um espaço lindo, de cardápio tipicamente francês contemporâneo. Mas não foi preciso muito tempo para me dar conta de que a casa não ia bem, que não havia emplacado. Le Jardin Gastronomique beirava o fracasso. Por isso é que eu tenho ojeriza a modismos!

Então, para movimentar a casa, meu pai sugeriu que eu lançasse um chá da tarde, um cardápio que atraísse senhoras nessa metade do dia. Achei uma bobagem, fui contra, não acreditei que fosse funcionar. Mas ele insistiu com tanta veemência que acabei acatando a ideia. E criamos o chá da tarde no Le Jardin.

Numa segunda-feira, em pleno verão, lá estávamos nós com o serviço de chá montado à espera do público. E ele veio. Era uma multidão que abarrotou o nosso salão. Eram pessoas alegres, bonitas e, para minha surpresa, jovens! Que maravilha. Pensei: esse meu pai sabe tudo! E liguei para ele radiante para parabenizá-lo, contar as boas-novas.

Realmente era incrível aquelas pessoas estarem ali, em torno de uma mesa de chás e bolinhos, às cinco da tarde de uma segunda-feira quente! Mas nossa alegria durou pouco. Quando chegou a hora da conta, quase caímos duro de susto: a turma deu um calote coletivo:

– Senhor Fasano, essa segunda-feira, para seu conhecimento e nossa sorte, é o "dia do pendura". Muito obrigada pela tarde, estava tudo maravilhoso!

Eram estudantes de direito se fartando do bom e melhor no meu restaurante! No único dia em que o meu restaurante esteve com todas as suas mesas ocupadas, não entrou um centavo sequer no caixa. Em seis meses, fechamos as portas do Le Jardin, um fracasso estrondoso.

"Senhor, o que é isso na sua bagagem?"

O X do problema

Com o passar dos anos, nos firmamos à frente das casas de cozinha italiana. Eram tempos de escassez de produtos no Brasil, daí tínhamos que trazer matérias-primas de fora. Risoto, por exemplo, nosso cardápio trazia várias versões, mas como prepará-lo sem o grão especial, como o arbóreo? Tínhamos que importar. E ninguém por aqui entendeu nada:

"Como os senhores vão importar arroz na terra do arroz? Isso é um absurdo!", e a crítica caía de pau na gente, batia feio nesses italianos esnobes.

Era terra do arroz, mas aqui não tem arbóreo, nem outros grãos de risoto. Tentamos usar algum similar local, mas não funcionou. E, como bons italianos, nos recusávamos a acrescentar cremes e manteigas para empapar o grão. Não, definitivamente não! Fomos em frente e importamos quilos e mais quilos de arroz italiano.

Tínhamos também o menu de trufas, um clássico da casa. Se havia trufa na Itália, nos nossos restaurantes também. Era sempre uma ginástica olímpica para passar na vigilância sem grande ônus, o que tornaria a iguaria inviável, praticamente impagável.

Nessa saia justa constante de importados, ainda briguei muito para trazer as minialcachofras de Veneza, que só nascem em uma determinada época do ano. É uma iguaria finíssima, e consegui um bom fornecedor. Fui à Itália comprar mil alcachofras para incluir nos cardápios do Rio e São Paulo. São pequenas, fáceis de acomodar. Viajei com um amigo para dividir as alcachofrinhas na mala e não demos muita pinta de que estávamos juntos ao passar na Polícia Federal.

Eram oitocentas na minha bolsa e duzentas na dele. Combinamos que eu passaria primeiro e ele bem atrás de mim, umas vinte pessoas depois, no mínimo. Não podíamos estar perto um do outro. Seriam mil alcachofras lado a lado. E lá fui eu passar nos raios X:

– Senhor, o que é isso na sua bagagem? – indagou o funcionário.

– São alcachofrinhas maravilhosas para os brasileiros se deliciarem – respondi.

– Não, não, o senhor tem que passar pela Vigilância Sanitária. Por favor, dirija-se à outra fila.

E lá fui eu, me juntar a outros viajantes barrados nos raios X. Bem ao meu lado estava um senhor com uns queijos italianos. O fiscal tinha acabado de marcar com giz um X na bagagem dele, o que significava que o conteúdo da valise tinha sido visto e liberado.

E chegou a minha vez. No exato momento em que coloquei a minha valise no balcão, alguém chamou o fiscal, que se ausentou do local, deixando o giz à mão.

Uma tentação! Não resisti: peguei o giz, marquei minha valise e sai dali batido.

Cheguei esbaforido ao salão de desembarque e mandei logo a bagagem para o carro, enquanto, pelo celular, tentava localizar meu amigo lá dentro. Queria pedir para ele deixar as alcachofras de lado e sair dali o mais rápido que desse. E ele não atendia...

Tocava, tocava, tocava e nada.

Lá pelas tantas, a porta se abre e aparece meu amigo escoltado por dois policiais. Ao passar na esteira, os mesmos oficiais viram as mesmas alcachofrinhas!

– Mas, de novo? Isso é um derrame de alcachofrinhas? Mais um lote? De jeito nenhum, você e o seu amigo não podem entrar no país com esses vegetais. É lei. É crime. É proibido!

– esbravejava o fiscal, irritado, que o levou pessoalmente pelo braço para se juntar a mim no outro balcão.

– Mas onde está o seu amigo? Ele se evadiu? – continuou, irritado.

Confiscaram o passaporte do meu amigo e o levaram até o saguão para me localizar. E assim que a porta se abriu e vislumbrei o rosto dele, gritei:

– Manuuuu... – E antes de chegar ao "el", eu estava entre policiais armados. Entendi tudo. Estávamos fritíssimos.

Fomos os dois presos. Passamos seis horas detidos. Volta e meia um deles se virava para mim e dizia:

– Senhor Fasano, o senhor pode ser preso de verdade, cadeia, entendeu? Isso é crime.

E eu replicava:

– Mas eu não estou trazendo cocaína. Se for preso e souberem que foi por tráfico de alcachofras, posso ficar bem na história.

Perdi tempo, uma fortuna e, lá pelas muitas, ao abrir a valise para me "despedir" delas, vi um inseto se mexendo. E foi aí que o fiscal fez o comentário definitivo:

– Está vendo esse bichinho? Ele não existe no Brasil, porque é de uma espécie de alcachofras que não temos aqui. É assim que se começa uma praga no país. Entendeu agora?

Sim. Ele estava coberto de razão. Nos sentimos dois criminosos. E levianos.

...

Meus atropelos sempre passam pela matéria-prima. Fui para Buenos Aires e trouxe uma peça volumosa de pastrami para o meu pai. Botei naquelas malas de paletó, que abrem. Espremi meu corpo de encontro ao carrinho de bagagem e fui para a Polícia Federal. Alguns funcionários me conhecem no aeroporto, viajo muito e costumo dar um pouco de trabalho.

Ao me ver de longe, o funcionário, rindo, foi logo me indagando:

– Muita comidinha dessa vez, senhor Fasano?

– Não. Estou vindo de Buenos Aires e lá não tem nada que preste! – respondi. E rimos juntos. Liberado, empurrei eufórico o carrinho e, na pressa, ele tombou. E a peça de pastrami caiu praticamente nos pés do fiscal!

Ele se abaixou, pegou o pastrami e me falou:

– Senhor Fasano, o senhor mente sempre assim? Seu filho sabe disso? Pega esse pastrami e some daqui. Vai, vai, vai...

KÁTIA BARBOSA

Pele morena cor de jambo, sorriso arrebatador, Katita, como é chamada no meio gastronômico, é carioca, filha de imigrantes nordestinos, autodidata e um dos mais representativos nomes da culinária do Rio. Na cozinha, mistura culturas de forma bem temperada e criativa. À frente do restaurante/bar Aconchego Carioca (com endereços na Praça da Bandeira, no Leblon e em São Paulo), Kátia se pauta pela culinária brasileira de raiz e pelo uso de ingredientes nacionais.

Com seu bolinho de feijoada, ganhou fama internacional e virou referência em culinária brasileira. O tal bolinho é uma versão de feijoada "finger food" (para comer com a mão), massa genial de feijão temperado, como manda a receita carioca, e recheada de couve crocante. Conquistou uma legião de fãs, alguns notáveis, como os chefs Alex Atala e Claude Troisgros, este último uma espécie de "padrinho" gastronômico até os dias de hoje. É a receita mais clonada do país.

Kátia hoje corre o Brasil e o mundo compartilhando suas criações brasileiras. Na França, comandou uma feijoada completa, *em meio ao frio puxado, nas ruas de Limoux, durante o Toques et Clochers, o badalado festival enogastronômico realizado na região do Languedoc. Abafou. São incontáveis os atropelos que recheiam e que dão um molho especial à trajetória dessa chef, dona da gargalhada mais sonora e simpática da cidade.*

"Sol" da madrugada

Jantares e eventos fora da cozinha do meu restaurante geralmente são uma cascata – e antes fosse de camarão! – de atropelos. No meu espaço, fico na zona de conforto, me viro, não tem saia justa. Se deu errado, improviso, faço mil e um malabarismos e corro atrás. Quando estou fora é que são elas...

Como esquecer do jantar importantíssimo que fui fazer em Portugal? Sufoco geral, momentos aflitivos e complicados, difíceis de não lembrar. Tudo foi acertado pelo telefone, ainda no Brasil. Combinamos que eu prepararia uma carne de sol com pirão de queijo, um prato nordestino que faz sucesso nos meus restaurantes, e que europeu costuma gostar. Passei a receita por mensagem, detalhando tudo de que precisaria para confeccionar o prato.

Logo me responderam perguntando que tipo de carne eu precisaria: "Filé-mignon?", sugeriram. Respondi firmemente que não, que era "até um crime" usar filé-mignon para fazer carne de sol. Indiquei um outro tipo de carne, achando que seria a coisa mais simples do mundo. Não foi. A negociação foi difícil, porque eles queriam ser gentis, oferecer o melhor. Não teve jeito. Acabei concordando: uma bela peça de filé-mignon estaria à minha disposição quando eu chegasse a Lisboa.

Cheguei a Portugal cinco dias antes do evento. Como já sei que sofro, sou ansiosa e perfeccionista, chego com antecedência e vou logo conhecer a cozinha onde trabalharei. Desembarquei, passei rápido no hotel e pedi para ir direto ao local onde estavam os meus ingredientes. Queria me inteirar do que teria pela frente. E ver o tal do filé-mignon para lá de nobre... Mas ele ainda não estava lá. Liguei então para os organizadores, cobrando a carne. Prometeram que as peças chegariam à noite.

Voltei mais tarde e... nada. Comecei a ficar com frio na barriga, tensa, pois preparar carne de sol não é coisa simples, que se faça num piscar de olhos. Ainda mais com mignon. E era o principal prato da noite!

Na manhã seguinte, bem cedinho (quase não dormi), lá estava eu de volta, torcendo para que tudo estivesse ali, ao alcance e a contento. E estavam. Eram dezesseis peças de filé-mignon simplesmente lindas, espetaculares. Mas, para o meu azar, eram absurdamente macias. Não dava para pendurá-las para secar, como reza a cartilha do preparo da carne de sol. Elas rasgariam na hora.

Olhei para minha filha, a Bianca, e falei:

– E agora? Estamos completamente ferradas.

A única saída era amarrar uma por uma, usar aquela técnica do barbante que se usa no preparo de rosbife, colocar no sal e passar o resto do dia e da noite virando as peças. Trabalheira dos diabos, mas fazer o quê?

Dava um tempo, a gente virava a carne e voltava a bater papo. Daqui a pouco, lá íamos nós virar de novo. E saíamos para beber no bar do restaurante. E... voltávamos para virar de novo, reclamávamos da vida, e foi essa comédia noite adentro. De duas em duas horas, a gente virava o desgraçado do mignon, sendo que o correto (quando não dá para pendurar) seria dar intervalo de quatro horas, mas não tínhamos tempo pra isso. Estávamos totalmente na pressão.

E não parou aí. Como se isso não bastasse, quando o queijo chegou, levei outro susto. Era um queijo de massa mole, macio e caro. Eles queriam me agradar, claro, mas com aquele queijo eu não conseguiria fazer o pirão. E lá fui eu com a Bianca andar pelas ladeiras de Lisboa atrás de um queijo mais seco, ideal para o preparo. Foi bom porque conhecemos de perto essa queijaria portuguesa maravilhosa. Achamos um mais curado e pesado, que funcionaria bem. O jantar estava salvo.

Na noite do evento, as mais de 250 pessoas foram perfeitamente servidas e adoraram a experiência, sem nem desconfiar da gincana que passamos. Nós duas, Bianca e eu, é que estávamos em frangalhos. Passamos o dia seguinte dormindo, sem arredar pé do quarto do hotel.

Tartare moído

Passado o desafio da carne de sol e do pirão de queijo, permanecemos em Portugal para outro trabalho, onde eu dividiria a cozinha com outros chefs. Na sequência do jantar, me coube a entrada, que seria um tartare de carne de sol, cuja carne, eu agora já escolada, tinha escolhido previamente. Não haveria erros nem atropelos.

Sabendo o sufoco que tínhamos passado, o pessoal da organização insistiu para tirarmos algumas horinhas para conhecer Cascais, passear, fazer compras, relaxar. Era só eu orientar os cozinheiros do hotel sobre o que eles precisavam fazer. Mesmo ressabiada, acabei concordando. Como já havíamos feito boa parte do *mise en place* (expressão em francês que significa deixar todos os ingredientes e a base do prato preparados), a equipe local só precisaria picar a carne. Simples assim. E foi só isso que pedi, antes de sairmos para o passeio.

Pra quê???!!!

Quando voltamos lépidas, fagueiras e revigoradas do *tour* e fomos conferir a carne do tartare, eles haviam passado na máquina de moer. No lugar de cortar a carne em cubinhos, típico do tartare que estamos acostumados por aqui, eles moeram. Na Europa, até vi a receita chegar nessa versão. Mas é estranho um tartare moído. Como lidar com aquilo ali, na minha frente?!

Após alguns minutos de pânico e de lágrimas, não vi saída. E decretei: não tem jeito, vamos ter que mudar o prato.

Pegamos então a carne, temperamos muito bem e colocamos pepino bem picadinho, pra tentar separar um pouco aquela carne moída, que tinha virado um bloco. Era quase um hambúrguer de carne de sol de filé-mignon, já imaginou?!

Depois de todo o tempero e dos pepinos, olhei para aquilo e me veio a ideia: vamos pegar batata-doce, fazer chips e colocar a carne por cima. Não era uma entrada como eu queria, mas daria para encarar a situação com dignidade. E assim foi feito. Servimos para cada convidado quatro daquela espécie de canapé, e misturamos ainda uns pedacinhos de uma tapioca que parecem um biscoitinho. Todos adoraram. Volta e meia sirvo esse aperitivo em coquetéis.

O bolinho que virou almofada

Estava tentando fazer várias coisas com tapioca, porque eu era dos Ecochefs (grupo de chefs engajados em cozinha social) e estava buscando formas de valorizar a mandioca, de usar todos os seus derivados. Além disso, precisava criar logo algo novo para o cardápio do Aconchego Carioca. De repente, lembrei de umas férias que passei com meu marido em Morro de São Paulo, na Bahia, onde comemos um bolinho de estudante incrível. Bolinho de estudante é um clássico nordestino, à base de tapioca, servido com açúcar e canela. Era isso: vou fazer um bolinho de estudante com aquela tapioca seca, quebradinha, de fazer cuscuz.

Eu já sabia que esse tipo de tapioca é difícil de ser trabalhada, mas não imaginava o tanto de trabalheira que ela me renderia. Amassava, misturava, e o bolinho ficava totalmente pegajoso. Eu não conseguia descobrir a razão – aliás, até hoje não sei. Ele grudava todo, ficava impossível de se manipular, moldar... uma chatice.

Voltei a trabalhar a massa e ela continuava grudando na minha mão. Peguei então um saco plástico que estava do meu lado para fazer as vezes de luva, pois não tinha nenhuma por perto. E aí... caramba! A massa não grudou no saco... Aquilo era um sinal. Testei com a luva de látex e grudava, testei com essas luvas de plástico que se usam em salão de beleza e, aí, deu certo.

Consegui abrir a massa para rechear. Peguei um queijo para ver o que acontecia. Era um pedaço de coalho, ruim para recheios, mas não dava para esperar por outro, e eu só precisava ver a reação da massa.

Como no Aconchego tudo é feito na hora, ou então é congelado e frito, eu não sabia o que fazer com aquilo que estava na minha frente. Aquela massa que grudava em tudo (menos em plástico) não se adequava a nenhuma das duas coisas.

Foi exatamente nessa hora que a minha mãe passou e falou:

– Bota amido de milho aí, que não vai grudar. Como boa filha que sou, obedeci. Sábia mãe! Acrescentei o amido à massa, congelei, fritei e... ficou perfeito! Agora só faltava arrumar o recheio ideal, porque aquele queijo coalho não ia rolar.

Eu ali, bloqueada, ouvi alguém da cozinha, que estava funcionando a todo vapor, falar em doce de leite. Fiquei com aquele "doce de leite" ecoando, ecoando, ecoando e... é isso: vou deixar o queijo de lado e rechear com doce de leite. Passei depois uma misturinha de açúcar e canela por cima, fritei

"Amassava, misturava, e o bolinho ficava totalmente pegajoso. Eu não conseguia descobrir a razão – aliás, até hoje não sei."

e assim nasceu a Almofadinha, um dos maiores sucessos do Aconchego.

O tal bolinho de estudante original virou uma coisa completamente diferente, mas tão boa que se tornou um dos clássicos do nosso cardápio. Ah, e hoje em dia nada de sufoco pra abrir a massa: a gente usa cano de PVC como rolo, um "gatilho" dos melhores, já que ele é de plástico e não gruda. Entrar na nossa cozinha e ver a turma de cano de PVC em punho é hilário...

ROBERTA CIASCA

A *chef carioca Roberta Ciasca vem de uma família que aprecia boas receitas e adora se reunir em torno de uma mesa farta – sua mãe é uma cozinheira de mão cheia. Nesse ambiente, Roberta acabou desenvolvendo desde cedo um enorme encanto e interesse pela culinária, tanto que sua brincadeira preferida na infância era montar restaurantes onde as bonecas eram os clientes. Até o cardápio ela escrevia à mão, sempre um diferente do outro, já antecipando o futuro. Curvas no meio do caminho acabaram levando a jovem a fazer faculdade de publicidade, mas a paixão pela cozinha falou mais alto, e ela embarcou para França para cursar o Le Cordon Bleu.*

Formou-se e, de volta ao Brasil, trabalhou em bufês, teve rápidas passagens por cozinhas de restaurantes, abriu seu próprio bufê, até que, em maio de 2005, realizou o sonho de inaugurar seu restaurante, o Miam Miam. A empreitada lhe rendeu vários prêmios e a casa se tornou referência em comfort food no Rio de Janeiro.

Com tudo caminhando muito bem, Roberta abriu seu segundo endereço, o Oui Oui, também em Botafogo, especializado em pequenas porções para serem combinadas à escolha do cliente, em mais um formato que se destacou no cenário carioca. Recentemente, com dois filhos, Roberta e sua inseparável dupla de parceiros, Danni Camelo e o marido, Stephe Quinquis, abriram uma sanduicheria em Copacabana, a Petit, que, como o nome indica, é um pequeno espaço, mas de grande aprovação.

Apertem os cintos, o frango sumiu!

Quando voltei da França para o Brasil, depois de fazer o Le Cordon Bleu, fui trabalhar em um bufê, onde fiquei por muitos anos. Num dos eventos de que participei, aconteceu um caso do qual nunca mais me esqueci, dessas pequenas tragédias que ficam para sempre na memória, mas que graças a Deus terminou bem. Eu tinha 20 e pouquinhos anos, e normalmente ia para os eventos com o meu carro. Então, acabava chegando antes do veículo do bufê, que andava mais devagar porque estava carregado de comidas e louças. Nesse dia, era um almoço superchique no Parque Guinle, aniversário de uma senhora que chamou um grupo de cerca de trinta pessoas para comemorar.

Lá estava eu, em frente ao endereço, quando vi o carro do bufê chegando. Achei estranho, pois o porta-malas estava aberto, mas imaginei que o Antônio, que era o motorista e ajudava na produção, tinha parado ali pertinho para descarregar e, ao ver uma vaga mais próxima, conduziu o carro com a mala aberta mesmo, já que era uma distância curta.

Descarregamos tudo, subindo e descendo para o apartamento da aniversariante, até estar com todo o material na cozinha. Comecei a ajeitar as coisas e a organizar a cozinha com a ajuda dele. Nesse dia, como não era um evento muito grande, estávamos só nós dois. O prato principal era um frango recheado com ricota defumada e pastrami. Era uma receita linda, pois a gente recheava o peito de frango, cortava em rodelas e ficava com um colorido superbonito, como se fosse um rocambole, e servíamos com um molho incrível, numa baixela linda. Bem a cara de almoço elegante para um grupo de senhoras.

Comecei a procurar o frango. Procura daqui, procura dali, e nada... Com um certo frio na espinha, falei pro Antônio:

– O frango não veio...

– Veio sim! Fui eu que fiz a saída, e me lembro bem de ter colocado no carro – rebateu ele. Voltamos ao carro, para ver se tínhamos esquecido lá dentro. Nada! Não era possível... Onde estava o raio do frango?! Foi aí que me lembrei do carro chegando com a mala aberta... Batata! Quer dizer, desgraça! O porta-malas tinha aberto no meio do trajeto, sem o Antônio perceber, e o ingrediente estrela do nosso prato principal tinha caído.

A gente pegou o carro e saiu dirigindo pelas ruas do Parque Guinle e, de repente, avistamos o frango, ou melhor, os pei-

"Onde estava o raio do frango?! Foi aí que me lembrei do carro chegando com a mala aberta..."

tos de frango, no chão, completamente esmagadinhos... Devem ter sido várias e várias vezes atropelados pelos carros que passaram por aquela ladeira. O tabuleiro também estava num canto da pista, completamente esmagado – tinha virado uma placa fininha. Era uma verdadeira visão do inferno. Meu prato principal, base de todo o almoço, espalhado pela rua. A cena era tragicômica. A gente em pé, olhando os peitos de frango espalhados, e o Antônio ainda soltou:

– Roberta, o que você acha desse? – Pegando um que não estava tão esfacelado, como se fôssemos usar... Nessa hora, não aguentei e comecei a rir (talvez de nervoso).

Nisso, avistei também as batatas que o acompanhavam, das quais eu ainda não tinha dado falta! O estrago era realmente grande!

Voltamos, e fiquei em pé na garagem, pensando no que fazer. Eu não queria ligar para o dono do bufê sem ter uma solução. E não adiantava voltar para a cozinha de base, pois não tinha nada pronto que pudesse substituir aquele prato. Não dava para trocar por um picadinho, por exemplo. Aí fiquei matutando... Frango... Enroladinho de frango... Recheio... Isso! Lembrei de uma loja especializada em frangos enrolados com diversos tipos de recheio, a Chic Chicken. Ficava no Leblon, mas naquela hora a distância era o de menos. Entrei no meu carro e voei pra lá! Enquanto isso o Antônio subiu e foi ajeitando o resto, preparando os canapés, para ir tapeando a fome da turma.

Achei a peça ideal para o molho que eu tinha. Só que estava congelada, igual a uma pedra. Mas vamos em frente, descongelei um pouco no micro-ondas, pois se eu colocasse direto no forno não daria certo. Seria um processo longo, que eu teria que fazer em tempo recorde. Isso tudo com a família entrando e saindo da cozinha, gente passando com arranjo de flores, um caos total. Me concentrei, fui em frente, preparei o frango, dei uma selada, fiz algumas manobras para deixá-lo mais caprichado, usei nosso molho e pronto! Eu tinha o prato perfeito em mãos! As batatas que acompanhavam, por minha sorte, não haviam caído todas. A quantidade que eu tinha foi mais do que suficiente. Deu tudo certo e, passado o susto, quando fui contar para a dona do bufê, acabamos tendo crises de riso.

Receita para virar chef na marra

Também no início da minha carreira, quando resolvi parar de trabalhar no bufê e ir para cozinha de restaurante, fui chamada por uma amiga para integrar a equipe do restaurante Restô. A casa seria comandada por um casal de chefs "teoricamente experientes", vindo de Minas Gerais, e o cardápio era assinado pelo saudoso e querido Rodolfo Bottino. Estava tudo no esquema, o casal já estava com todas as receitas, treinando na casa do Bottino há mais de um mês, mas minha amiga resolveu me chamar porque queria alguém que ela conhecesse na cozinha, para ficar mais segura. Acho que algo já dizia para ela que aquele casal ia aprontar alguma...

Não deu outra. Os dois eram supersimpáticos e tinham muito mais experiência do que eu, que estava ali apenas para ser uma cozinheira que daria suporte no dia a dia. Só que, faltando exatamente três dias para a casa abrir, acordei com um telefonema do Bottino, com aquela voz arrastada, típica dele:

– Robertinha, vem agora me encontrar aqui em Ipanema pelo *amorrrr* de Deus. O casal voltou pra Minas!

Imagina! Era um restaurante com uma equipe pequena. Além dos dois chefs, que partiram, havia eu e um auxiliar de cozinha e o Rodolfo, que na verdade nem ficaria na cozinha, apenas ajudaria a organizar o serviço nos primeiros dias. Resumindo, às vésperas da inauguração, eu, sem experiência em restaurante, e um auxiliar, com menos experiência ainda, éramos os únicos para tocar a cozinha.

Precisei virar chef de restaurante na marra, mas necessitava de mais braços. Completamente tonta e com o estômago dando voltas – afinal, eu nunca tinha trabalhado com comandas, mesas etc. –, consegui ter um segundo de serenidade e me lembrei de um amigo que gostava de cozinhar e estava de bobeira. Liguei para ele e contei a situação. Ele topou ajudar e, para minha sorte, trouxe com ele um amigo que era cozinheiro e já tinha trabalhado em restaurante.

Felizmente, a casa só abria para jantar e não era muito grande. Lembro que, no fim das contas, deu tudo certo e o serviço funcionou bem, mas, para ser sincera, a pauleira e o nervoso foram tão grandes, que eu apaguei a noite de estreia da memória. Não consigo me lembrar de nada, só sei que a gente sobreviveu.

PEDRO DE ARTAGÃO

Pedro é carioca e encabeça uma nova geração de chefs do Rio. Autodidata em cozinha, estudou até hotelaria, mas lá pelas tantas abraçou a carreira de chef. Talvez por conta dos laços de família, avós à frente de uma boa boulangerie, pai gourmet... Como defende o chef, cozinha se aprende fazendo.

E foi assim, na prática, que Artagão ganhou experiência até abrir seus próprios restaurantes e se tornar um dos mais prestigiados nomes do momento. Sua "formação" é de peso: dividiu panelas com o mestre José Hugo Celidônio, no Clube Gourmet; estagiou com a chef Flávia Quaresma, no extinto Carême; fez parte da equipe de Roland Villard, do Le Pré Catelan, e comandou a cozinha do Cordato, no Hotel Transamérica. Em 2007, foi convidado para assumir o restaurante Laguiole, no Museu de Arte Moderna, onde apareceu. E cresceu. Desde 2011 tem seu próprio restaurante, o Irajá, e mais dois espaços, o bistrô Formidable, de influência francesa, e o Cozinha Artagão, onde serve os clássicos do seu repertório.

Segundo sua própria definição, faz "cozinha contemporânea, autoral e com forte influência brasileira". Suas fornadas de bolos com receitas de família são uma das atrações maiores da pâtisserie carioca. De fala fácil, articulado, divertido e profissional até a última gota de balsâmico, Artagão é bom de "causos". Vale conferir.

Deu o maior bolo

Quando você está projetando um restaurante, desenhando, fazendo a planta, não se tem uma real noção do espaço, de como tudo vai ficar de fato. Temos a visão na planta, as perspectivas, mas não dá para saber concretamente como as coisas vão ficar na prática. E foi isso que aconteceu quando abri o Irajá. Bolamos uma planta, mas depois que a cozinha foi toda montada percebi que tinha ficado muito pequena. Aí eu me perguntei: "E agora, como eu faço com as sobremesas? Se numa única mesa de quatro pessoas cada um pedir uma sobremesa, não vou ter espaço para preparar os quatro pratos, fazer *mise en place*, uma série de coisas... Imagina com casa lotada?!"

Então veio um estalo para driblar o problema. Fazer uma sobremesa que pudesse ser compartilhada por toda a mesa e que agradasse aos mais diferentes gostos, para todos concordarem em pedir uma coisa só. Uma "larica" que fosse gostosa o suficiente, sem ninguém discutir ou titubear.

E foi dessa necessidade que não tínhamos previsto, culpa de termos planejado uma cozinha pequena, que nasceu o nosso

"Um bolo de chocolate sob medida para o tamanho do problema..."

disputado Bolo de Chocolate do Irajá. Ele é servido enorme, um pedaço bastante generoso para quatro pessoas. Um bolo de chocolate sob medida para o tamanho do problema que apareceu de bandeja com a casa prestes a abrir. Na época, foi uma certa ousadia, um tiro no escuro, porque ninguém servia bolo de chocolate como sobremesa de restaurante. Mas fui de cabeça, e transformei a fornada em uma receita caprichada que pudesse entrar para o menu.

A estratégia deu tão certo que o bolo acabou se tornando um dos carros-chefes do restaurante. É um dos pratos mais pedidos e comentados. O engraçado é que o bolo virou um "inferno", porque dá trabalho, é uma receita elaborada, e mais de 80% das mesas costumam pedi-lo. Hoje em dia, tem gente que vem só para comer o bolo, não almoça nem janta, apenas senta-se à mesa, pede um café e a sobremesa. A partir daí, criei outras versões de bolo, que virou a sobremesa oficial dos meus restaurantes.

Alguém mexeu no meu queijo

Venho fazendo saladas caprese desde 2007, criando diferentes versões. Quando estava rascunhando o cardápio de abertura do Irajá, uma certeza eu tinha: de que iria incluir uma caprese, mas em uma nova versão.

Planejei a receita toda, usando um queijo que era uma derivação de uma muçarela de búfala. Qualidade excepcional, que apenas um produtor fornecia. O queijo era cremoso, mas com pedaços da massa. Perfeito. Fiz e refiz os testes várias vezes. Estava tudo certo com a receita. Ótimo, menos uma preocupação: a caprese estava dentro! Só que (e sempre existe um "só que..."), no dia da abertura, um imprevisto me forçou a mudar os planos.

Quando você está abrindo um restaurante, tudo é uma correria danada. Eu estava enlouquecido, uma correria frenética na cozinha, ajeitando uma coisa aqui, outra ali... adrenalina na veia.

E foi nesse climão que a campainha tocou: era o entregador retardatário do tal queijo, que deveria ter trazido o pedido na véspera. Mas, enfim, chegou e estava em minhas mãos.

E lá estava eu, com tudo pronto para tirar o queijo da embalagem e montar a salada, quando me dei conta de que algo ali estava errado. O queijo, estrela maior do prato, em vez de estar cremoso, era uma sopa! Sim, sopa mesmo, líquida, fininha... Com o calor, sua consistência tinha mudado. Não que estivesse estragado, felizmente não era o caso. Apenas tinha em mãos um outro tipo de queijo. E agora, o que fazer com as dezenas de "litros" desse líquido branco?

Respirei fundo, parei tudo o que estava fazendo e fiquei ali estático, dedicando todo o tempo do mundo para aquele ingrediente que eu não sabia do que se tratava. E nem como tratá-lo na minha cozinha.

Foi então que percebi que o tal "leite" ficou bom com o tempo, em contato com os pedaços de muçarela de búfala, e acabou ocorrendo uma infusão. Ele incorporou o sabor do queijo e imprimiu um outro gosto, de paladar inédito, único, adorável.

Na boca, era um queijo excepcional, líquido, daqueles que se come de colher. "Viajei" com o ingrediente, pensei em várias possibilidades, mas acabei me detendo mesmo na caprese que originalmente havia programado.

E lá foi ela parar no cardápio inaugural do Irajá, com o nome Caprese 4.0. Uma salada cujo molho era uma calda de queijo servida na mesa, numa jarra. Instruí os garçons a servirem o líquido de forma pomposa, virando a jarra do alto, para que o cliente percebesse a consistência do queijo. Foi um dos maiores sucessos da inauguração!

Na manhã seguinte, pensei: bom, agora eu tenho que manter a receita, continuar servindo daquele jeito nos outros dias também. E eis mais um problema para administrar. Como convencer o produtor a entregar a mesma muçarela de búfala "com defeito"? Foi uma batalha. Ele me disse que não tinha como me vender aquele ingrediente que chegou daquele jeito por acidente.

Resultado: acabei desenvolvendo uma versão igualzinha na cozinha do restaurante. Eu pegava um, derretia, juntava os pedaços do outro, fazia uma infusão etc... Felizmente, deu tudo certo, e a gente conseguiu manter o prato.

Ah, o que aconteceu com a receita original? Ela acabou inspirando e servindo de base para a que lancei no início de 2016 – a Caprese 5.0.

O apagão virou climão

Jantar de Dia dos Namorados é sempre uma loucura. Casa lotada, lista de reservas com fila de espera, gente que não reservou querendo mesa de última hora, e não foi diferente nos meus restaurantes. Mas isso não era problema, pelo contrário. Estávamos preparados e tudo corria às maravilhas. Serviço de salão e de cozinha impecáveis, clientes felizes. Tudo fluía bem, até que... *puff!* As luzes se apagaram. Sim, era um apagão geral. E no meio do serviço. Não podíamos encerrar os trabalhos com todos aqueles casais comemorando, na expectativa de terem uma noite perfeita. Também não dava para seguir em frente, sem ninguém enxergar nada.

Foi aí que entrou em cena a Julieta Carrizzo, *sommelière* e responsável pelo salão. Ela teve um insight e lembrou que tínhamos no estoque, à mão, um lote de caixas de velas. A gente usava apenas algumas velinhas para iluminar a entrada do restaurante nos dias normais, mas, como os fornecedores só entregavam em grandes quantidades, acabamos ficando com várias delas guardadas.

A Julieta rapidamente saiu colocando velinhas acesas pelas mesas. Não era perfeito, clima sintonizado com o Dia dos Namorados? E assim o jantar, antes num ambiente convencional, prosseguiu à luz de velas.

Os clientes adoraram e deixaram a casa convencidos de que tudo tinha sido milimetricamente planejado. E, quando a luz voltou, mantivemos as velas acesas e a penumbra no salão. Saiu melhor do que encomenda.

FELIPE BRONZE

O carioca Felipe Bronze, garoto do Leblon, é um dos principais nomes da gastronomia brasileira contemporânea. À mesa, fez fama com as técnicas da cozinha de vanguarda (ou molecular), usando espumas e fumaças em pratos performáticos. Na televisão, ficou conhecido em todo o país por estrelar uma série de programas de gastronomia de projeção nacional, caso do reality show The Taste, sucesso no GNT.

A investida de Bronze na cozinha vem de pequeno, com o pai, Ricardo, dono de catering para as principais companhias de aviação. Cresceu entre panelas. Profissionalmente mesmo, começou há vinte anos, como estudante de gastronomia do Culinary Institute of America, em Nova York. Em Manhattan, estagiou em restaurantes como o Nobu e o Le Bernardin. No Brasil, Bronze estreou oficialmente no fim de 2001, quando assinou o menu comemorativo de 15 anos do Sushi Leblon. No ano seguinte, assumiu a cozinha do recém-inaugurado Zuka, de culinária contemporânea elaborada na grelha. Por lá, cozinhou por dois anos e faturou diversos prêmios.

Em 2004, partiu em voo solo. Esteve à frente de casas como o Z Contemporâneo, um restaurante asiático com gastronomia arrojada e projeto moderno, que ganhou diversos prêmios. Mas sua criatividade foi posta à prova mesmo no Oro, no Jardim Botânico, conceito de restauração até então inédito na cidade, farto em espumas, fumaças e engenhocas moleculares que equipavam a cozinha do chef, aberta para o salão. De máscara no rosto, Bronze causava sensação.

Em 2015, o mesmo Oro ganhou novo perfil e endereço: passou a funcionar no Leblon, mas sem efeitos especiais. O chef se voltou para o fogo, para as grelhas, por onde passa boa parte dos pratos do cardápio. Ali, a brasa é a protagonista, com pratos preparados na parrilla, *no* yakitori *japonês ou no forno de carvão. Em 2016, a casa faturou uma estrela Michelin, mesmo ano em que Felipe reeditou um outro projeto seu, o Pipo, hoje em São Conrado. De cozinha mais popular, o chef flerta com os sabores dos botecos, mas sem jamais perder a criatividade e a surpresa. Não por acaso, os atendentes dali têm a prática de saudar os clientes com um inusitado "Divirta-se!".*

Troca-troca

Eu estava maravilhado! Eu tinha acabado de desenvolver uma maionese de ostras bárbara para o sanduíche que lançaria no final de semana, no Pipo, casa de perfil "meio bar, meio boteco", que teria um cardápio de comidinhas para beliscar. O sanduíche com a maionese de ostras funcionaria superbem. Batizei de Osterix.

Paralelamente ao Pipo, eu continuava à frente do Oro, meu restaurante mais elaborado, onde sirvo o menu degustação do chef. Tanto no Pipo quanto no Oro, costumava servir um sorvete de coco, outra receita minha que me dava o maior orgulho: o sorvete era feito na hora, diante do cliente, com nitrogênio líquido. Era o máximo.

Numa das reuniões com a equipe do restaurante, pedi a um dos estagiários que tentasse fazer o sorvete de coco no nitrogênio. Ele arregalou os olhos, visivelmente assustado com a tarefa. Mas não deixou a bandeja cair. Foi em frente executar a tarefa.

Não demorou muito para um cheiro fortíssimo tomar conta do salão, um odor estranho, meio marinho, que não identificávamos de onde poderia vir, por mais perto que o Pipo ficasse da praia do Leblon. Mas que cheiro era aquele, alguém consegue descobrir? Ele era gostoso, fresco, meio cheio de maresia, daqueles que a gente sente quando mergulha. E cada vez ficava mais ativo e gostoso. Da praia não era, estávamos a quilômetros da orla. Mas de onde, então?

Alguém então lembrou do estagiário, que estava cumprindo a tarefa de reproduzir o sorvete de coco com nitrogênio. Fomos todos até lá para acompanhar a façanha e... pronto, estava tudo explicado!

Meu ilustre parceiro trocou as bolas. No lugar da pasta do sorvete de coco, usou a tal maionese de ostras que eu havia criado para acompanhar o Osterix. Como o nitrogênio potencializa não só sabores como cheiros também, o que estava no ar era puro perfume de ostras frescas.

Gênio de estagiário! Consistência linda, sabor adorável, perfume espetacular! E assim, de um descuido, surgia o sorvete de ostras do Oro. Desde então, virou a entrada padrão do Oro, e é servido para todos os clientes assim que chegam ao restaurante. Causa uma tremenda impressão. Jamais imaginaria fazer uma combinação dessas, mas...

"No lugar da pasta do sorvete de coco, o estagiário usou a tal maionese de ostras..."

Invenção involuntária

Eu morava em Nova York, onde trabalhava no restaurante 57, do Hotel Four Seasons. Na divisão da cozinha, cabia a mim executar quatro pratos do cardápio. Entre eles, o ravióli com molho de vinho de cassis. Era um prato lindo, gostoso, muito elogiado pelos clientes. Fazia dezenas dele por dia.

Mas, certa vez, quando preparava minha bancada, fui pegar os ingredientes e em vez do vinho de cassis, *cassis wine*, peguei o *cassis vin*, sem me dar conta de que *vin*, no caso, era a abreviatura de "vinagre".

Ao perceber o erro, tremi nas bases, já prevendo o resultado e a bronca que levaria em seguida. Mas notei que a confusão tinha valorizado o prato. O vinagre de cassis imprimiu mais acidez, funcionando muito melhor do que o vinho da frutinha. E respirei aliviado!

Orgulhoso, satisfeito com o resultado, fui mostrar a "invenção involuntária" ao chef da minha praça. E ouvi a maior esculhambação da vida. Ele teve um ataque, um acesso de fúria que culminou com o lançamento do prato de ravióli em cima de mim:

– Quem você pensa que é?! Vai ficar se metendo nas minhas criações? Ponha-se no seu lugar!

Fiquei desconcertado, lívido, passado. No fim do dia, achei por bem voltar a falar com o chef. Pedir desculpas. Me explicar. Contar que tinha sido sem querer, que não era a minha intenção se meter na criação de ninguém.

Sabe o que ouvi?

– Ok, Bronze, tudo bem. Mas a partir de amanhã você começa a fazer esse prato com vinagre, combinado?

PEDRO SIQUEIRA

Paulista, de família gaúcha, Pedro Siqueira construiu uma trajetória de peso trabalhando ao lado de grandes chefs, como Alex Atala e Érick Jacquin, além de ter passado pelas cozinhas do restaurante Eau, do chef francês Pascal Valero, em São Paulo, e do Taillevent, em Paris, que detém três estrelas Michelin.

Abriu seu próprio restaurante em 2015, o Puro, no Jardim Botânico. A casa logo conquistou os cariocas e arrebatou prêmios. Entusiasta da cozinha com inspirações caseiras, que resgata memórias afetivas, Pedro valoriza o uso de ingredientes locais, vindos de pequenos produtores, para fazer pratos como a moquequinha caiçara com pirão de tomate assado e broto de coentro.

Em 2016 inaugurou mais um espaço na cidade, o Massa, uma casa de massas (não poderia ser diferente) que, coerente com a sua linha de cozinha, utiliza exclusivamente ingredientes nacionais.

A abóbora
virou carruagem

Quando abrimos o Puro, em um imóvel antigo de três andares, voltado para a área verde do Jardim Botânico, vivemos dias tensos, de agitação do almoço ao jantar, de segunda a segunda. A crítica tinha sido elogiosa, resenhas bem generosas foram publicadas em jornais e revistas. Daí o público veio em peso. Eram filas e filas na porta...

O imóvel é bem localizado, vizinho a bons restaurantes do Rio. O trecho da rua Lopes Quintas anda bem badalado e pegamos carona na boa fama do pedaço. A casa "bombou", ficava lotada direto. Houve momentos em que dava dor no coração, mas tínhamos que recusar clientes, porque, além de não ter como acomodá-los no salão, na cozinha a coisa também estava crítica – os ingredientes acabavam. Imagina o sufoco!

Nesse cenário de correria, de estar à frente de um espaço recém-aberto, com fila na porta e elogios a honrar, o medo de errar receitas e de desperdiçar ingredientes chega ao limite máximo. E o de faltar ingredientes, então... Um pesadelo diário, implacável.

"Foi aí que olhei pro canto da cozinha e lá estava ela: vamos de abóbora!"

Num desses dias, trabalhando em clima de "panela de pressão", um dos cozinheiros, nervoso como todos nós, errou, e feio, o ponto da abóbora. Ela acompanha o matambre, um prato que se tornou um clássico do Puro. Matambre é um tipo de frio, enrolado, recheado e fatiado, feito a partir da carne próxima da costela do boi, que eu mesmo preparo na cozinha do restaurante. Sou de família gaúcha, e esse é um tipo de frio muito comum no Sul, coisa dos nossos vizinhos argentinos e uruguaios, que adoram também.

Enfim, a abóbora casa bem com o matambre, mas, naquela circunstância, estava fora de combate. Não dava para mandar para o salão naquele estado.

Contei até muito mais que dez para não me descontrolar e dar uma bronca colossal no meu ajudante. Casa lotada, os pedidos saindo em ritmo frenético, e a abóbora no ponto errado?

Respirei fundo, falei para o cozinheiro do meu lado para providenciar outro pedaço de abóbora e peguei a errada para jogar fora.

Nem sei bem o que aconteceu, mas não tive coragem de descartar a abóbora. Olhei bem para ela e achei o auge do desperdício jogá-la na lixeira. Deixei ali quietinha, reservada, esquecida num canto da cozinha. Percebi que ela estava com uma textura bacana, com uma cor e uma transparência tão bonitas, dadas pela caramelização.

Continuamos o trabalho e, dos dez pratos que tínhamos no cardápio, estávamos sem ingredientes para executar três deles. E outros itens também estavam quase acabando.

Pânico! O que dizer ao cliente à mesa? Que acabou, que erramos nossos cálculos? Não, não era profissional e certamente deporia contra a casa. Pensei comigo que no dia seguinte reduziria o cardápio. Mas isso seria coisa para o *day after*. A guerra estava ali, na minha frente, e eu precisava encontrar uma saída honrosa.

Liguei então para um fornecedor parceiro para saber o que ele tinha disponível para me entregar naquela hora.

– A essa hora, Pedro? Você pirou? – respondeu de pronto.

Depois de muito chororô, meu dileto parceiro topou e despachou para a porta do restaurante umas belas peças de lagostins frescos, lindos.

Alívio imediato: o problema estava parcialmente resolvido.

Mas servir lagostins com o quê? Que tipo de acompanhamento seria o mais apropriado? Eu não fazia a menor ideia... Não podia ser nada igual às outras receitas, e eu tinha que decidir aquilo na hora, sem testes. Foi aí que olhei pro canto da cozinha e lá estava ela, com aquela transparência linda, brilhante, olhando pra mim: vamos de abóbora!

Para o matambre ela estava totalmente fora do ponto, mas para acompanhar lagostins aquela espécie de compota era tudo o que eu precisava. Chamei o cozinheiro e falei:

– Cara, seu erro vai nos salvar! Grelha o lagostim e vamos trabalhar com essa abóbora. Vamos colocar sobre eles.

Animado, ele fez o que eu pedi. E ficou espetacular. Fiz então um purê com as aparas de pupunha que sobraram do preparo de um ravióli, desenvolvi um crocante de laranja para finalizar o prato, e lá estava a nova sugestão, criada em tempo recorde e totalmente de improviso. Lagostins com abóbora.

Começamos a servir e os pedidos se multiplicaram na cozinha: lagostim, lagostim, lagostim... Hoje é o segundo prato mais pedido do Puro.

Jogo de resta 1

Teve um tempo em que trabalhei com um chef francês esquentadinho, que espalhava bronca para todos os lados. Parecia aqueles cozinheiros caricatos de cinema, como no *Ratatouille*. E foi com ele que passei por uma situação à qual achei que não fosse sobreviver.

Éramos seis ou sete na cozinha, em pleno serviço. O humor do chef estava pior do que o habitual. Nesse dia ele mandou um cozinheiro para casa porque havia cometido um erro. Minutos depois, mandou outro. E depois outro. Foram três em uma leva só.

Nervoso, eu corria de um lado para o outro, me desdobrando em muitos, vendo a equipe já pequena ficar cada vez menor.

Além de gritos e brigas, voavam pratos pelos ares, havia bateção de panela, uma tensão. Estava com os nervos à flor da pele, achando que não conseguiria dar conta de tanta coisa para fazer. Do salão lotado, os pedidos não paravam de chegar.

Na cozinha, apenas eu, mais um cozinheiro e o chef, irado. Pensei com as facas: "Tô frito, dessa eu não saio!" Mas resolvi ir em frente: pior do que está não fica. Ou esse jogo muda, ou só vai restar ele para cozinhar. E com a cara mais séria que consegui fazer, parei e olhei firme para ele, olho no olho, sem emitir um som qualquer. O recado era claro: "Ou ele parava com aquilo e passava a fazer todos os preparos com a gente, ou a coisa iria por água abaixo." Foi questão de segundos, nós dois estáticos, jogando faísca. E, milagre, o clima se reverteu. O chef caiu dentro do serviço com força, executando tarefas que normalmente não fazia, parou de reclamar e, acredite, até nos incentivou e elogiou – feito inédito nesse meio de trabalho. Conseguimos chegar ao fim do jantar vivos, sem nenhuma devolução ou reclamação do salão. Restaurante é assim, panelas e pratos estão pelos ares na cozinha e o cliente, sentadinho no salão, não tem ideia do barraco que corre solto nas internas. A receita de sucesso passa por aí.

FLÁVIA QUARESMA

Carioca, chef e banqueteira formada na França, Flávia Quaresma foi escolhida pela revista Forbes a Mulher do Ano na categoria gastronomia em 2005. Título de peso, grandioso, especialmente diante dessa chef de olhos verdes, cabelos encaracolados, de pouco mais de um metro e meio de altura, de um talento na cozinha sem medidas. Brava defensora da cozinha brasileira, foi das primeiras a colocar tapioca nas altas rodas: em um coquetel cheio de notáveis, trocou o clássico blinis por discos de beijus que acompanhavam o caviar. Causou furor. A partir dessa noite, nunca mais os beijus saíram de cena.

Atualmente produz azeites na Espanha, integra o Maniva, grupo de chefs que valorizam os produtos brasileiros e o comércio justo, e comanda a cozinha do Museu do Amanhã, na Praça Mauá, cujo cardápio é recheado de brasilidades, carioquices e um pouco de sabores do mundo. Flavinha conta aqui as suas peripécias pela cozinha, que inclui o hilário surgimento da torta terremoto.

Torta terremoto

Há décadas tenho um bufê. Minha agenda, felizmente, acumula inúmeros eventos pelo Brasil assinados por mim e equipe. E claro, também, não me faltam imprevistos. Como a festa de aniversário para que fui contratada. Assinaria um grande jantar para muitos talheres, festa caprichada, com coquetel de entrada, os pratos salgados – ou seja, o jantar em si – e todas as sobremesas. O serviço era completo, mas nada que me assustasse: tenho anos de experiência no ramo. Elaborei um cardápio com as sugestões do que seria servido e, para minha alegria, ele foi aprovado com entusiasmo pela dona da casa. Viva! Escalei meus clássicos e resolvi inovar apenas nos doces. Entre as cinco sobremesas que planejei, decidi incluir uma *vacherin*, receita francesa com discos de suspiros que combinaria com frutinhas vermelhas, que estavam na maior moda no Brasil. Elas eram a sensação da época, tinham acabado de aportar na cidade, das mais diversas procedências, então todos os cozinheiros e doceiros faziam alguma coisa com frutinhas vermelhas. Não fugi à regra: colocava essas bolinhas agridoces em tudo o que dava. Eram gostosas e embelezavam qualquer prato. A *vacherin* era sob medida para a noite, e decidi que seria a estrela entre os doces. Ficaria no centro da mesa, toda salpicada de frutas vermelhas. Lindo!

Tudo correu maravilhosamente bem, coquetéis de entradinha para beliscar, cinco opções de pratos principais, e, felizmente, tudo correndo conforme o previsto. Fazendo sucesso. Foi quando entramos na fase final da noite, as sobremesas.

A cozinha funcionava como uma engrenagem bem azeitada (com trocadilho!), cada um fazendo a sua parte. Eu faria a torta, sou boa e gosto de doces. Decidi fazer os suspiros mais cremosos que o normal, algo mais para *marshmallows* do que para suspiro. Isso deixaria o doce mais delicado, e até mais bonito. Bati, bati e cheguei ao ponto que eu esperava. A ideia era finalizar a torta com sorvete artesanal. Tinha acabado de comprar uma máquina italiana de fazer *gelatos*, que tinha custado uma fortuna. Fiz até um curso para aprender a produzir os sorvetes caseiros, que me deixou orgulhosíssima. Daí, usava e abusava deles para justificar o investimento. E, afinal, cairia mesmo bem na receita um toque de frescor naquela noite quente.

Tudo certo: comecei a montar o doce, camadas e camadas, ficou lindo! Mas previmos outras sobremesas também. Recolhemos os pratos salgados, alisamos a toalha e começamos a distribuir os doces pela mesa da sala de jantar. Os convidados já se aproximavam, curiosos. Como brasileiro adora um doce! Montamos a derradeira fase do jantar com apuro. Era um dia de calor forte e, apesar do ar-condicionado estar a mil, o salão estava quente. O ar era insuficiente para refrescar o salão. Montei pessoalmente a mesa de doces, a torta ao centro, alta, com várias camadas, imponente.

Em fração de segundos, o pior aconteceu. Num piscar de olhos, comecei a me dar conta de que a torta estava inclinando – muito suavemente, mas estava. Em meio a todo aquele calor, eu gelei. Resisti em admitir: a *vacherin* estava desmoronando! Meu Deus, que desastre... O que fazer com aquela cena diante dos meus olhos? O tal creme de consistência mais mole não resistiu à temperatura e foi se desmanchando. E a torta começou a quebrar, se despedaçar e a se desmanchar inteira. Pareciam blocos de geleiras, desses que a gente vê em documentários sobre o aquecimento global. Segundos de pânico completo, enquanto os convidados se aproximavam da mesa. Foi então que (*thank, God!*), me veio uma saída: lançar a Torta Terremoto ali, naquela hora, explicar que ela era assim, uma cascata em evolução (em todos os sentidos). Todos entraram na onda, incluindo a dona da casa, que era só elogios. E a torta estava deliciosa mesmo, mas... toda esfacelada!

O sucesso foi tanto que a Torta Terremoto acabou entrando para o cardápio. Era o doce mais pedido nas festas que assinava. O problema é que um dia eu acertei o ponto do merengue e nunca mais consegui "errar". O que fazer então para a torta sensação desmoronar na mesa, na frente de todos? Passei a quebrar o doce com a faca, na sala, em meio à bancada de sobremesas já montada. Vinha de arma em punho e, numa manobra teatral, esfacelava o merengue. E a turma vibrava. Já viu algum doce ser aplaudido em um jantar? Pois a Torta Terremoto era ovacionada.

Com legenda

Meu bufê tinha sido contratado para cuidar das comidinhas de uma festa chiquérrima no Parque Lage, lançamento de uma linha de champanhe francês, festa caprichada, linda, tarefa que me encheu de orgulho. Passei uns bons dias pensando no que servir, procurando algo novo para surpreender, apostar em brasilidades, coisa que ainda poucos faziam no Rio. Foi quando tive uma ideia muito boa, que muitos copiaram depois desse evento: no lugar dos tradicionais blinis, iria servir ovas de salmão em discos de tapioca, os beijus, que até então só apareciam na Feira de São Cristóvão e em casas mais populares. Resolvi transformar o beiju em coisa fina. As pessoas pegavam e estranhavam, algumas delas nunca haviam comido tapioca antes, acredita? Meus brasileiríssimos disquinhos foram a sensação do coquetel, saíram em foto nas colunas sociais, viraram capa do *RioShow* – a tapioca entrou na alta roda social.

A questão é que quem havia me contratado tinha pedido um serviço ágil, com garçons que fluíssem bem pelos salões. Seriam muitos convidados, e a ideia é que todos comessem bem, sem espera. Daí, era preciso que os garçons não falassem, se limitassem a servir e circular.

Fiquei aflita, porque muito do que estava sendo servido tinha que ser explicado – como a ainda desconhecida tapioca. Logo, era simpático contar do que se tratava. Enfim, dividi com minha mãe, parceira de sempre, o fardo por essa imposição dos organizadores. Juntas, ficamos matutando uma saída. Se não é para dar um pio, não daremos, isso era condição.

Para complicar, não haveria menu impresso, era um coquetel de *finger foods*, para comer com a mão e combinar com as borbulhas maravilhosas que chegavam ao Brasil. Pensamos, pensamos, pensamos, e foi aí que a minha mãe teve uma ideia ótima. No restaurante que eu tinha na época, o Carême, usávamos um grande quadro negro afixado na parede, onde escrevíamos com giz os pratos do menu degustação. Superfuncionava: as pessoas sabiam exatamente o que estaria no prato. Era chegar, olhar para a parede principal, e *voilà*: o jantar estava ali, minuciosamente detalhado.

Minha mãe pegou esse "fio" do giz e resolveu o problema. Quadro negro não daria, imagina os garçons de quadro em punho pela festa... Mas que tal, no lugar de bandejas, usarmos placas de ardósia, onde escreveríamos em giz do que se tratava? Gênia! As placas de ardósia com "legenda" circularam pela festa, as pessoas liam e entendiam tudo. Sucesso! Hoje elas estão entre os utensílios de vários restaurantes com ou sem giz.

Gato por lebre

Estudei no Le Cordon Bleu, na França, por alguns anos. Um dos meus programas preferidos por lá era comer ostras frescas: me sentia dando um mergulho no mar de Ipanema, e assim fui levando minha temporada. Logo que voltei para o Brasil, abri o Carême, com a ajuda da minha mãe, que cuidava da parte administrativa, enquanto eu ficava com a cozinha. Cheguei cheia de ideias de pratos não muito comuns por aqui. Carnes exóticas, por exemplo, estavam fora de questão. Eu não conseguia servir um pato sequer! Resolvi então lançar um cardápio que incluía um "prato surpresa" da chef. Pensei com as minhas panelas: vou servir coisas diferentes e os clientes vão gostar, mesmo sem saber exatamente o que estão comendo.

A primeira peça de *canard* (pato encalhava, não tinha jeito!) que servi, de um fornecedor muito bom da região serrana, carne macia maravilhosa, saiu da cozinha com o miolo vermelhinho, casquinha crocante por fora, molho denso, cheio de sabores, puxado na laranja. Estava espetacular! Fiquei orgulhosa do resultado. Assim que mandei a "surpresa" para a mesa fui conferir a reação do cliente de longe. Cortou, co-

"Escreve sauté de porc. *A senhora vai ver como vai funcionar!"*

locou na boca, fez cara de prazer e gemeu. Viva! O pato emplacou. Ao final do jantar, quando fui até a mesa para saber se tinham gostado dele, a senhora prontamente respondeu:

– O rosbife com molho de laranja foi o melhor da noite!

Rosbife! Ela não percebeu que era pato... e também não corrigi. O importante era que tinha gostado. E eu finalmente havia servido o primeiro pato do Carême. A glória!

Porco também era outro problema. Estigmatizado, incluir suíno no menu era encalhe garantido. Foi quando meu *maître*, anos e anos de salão, com um tremendo jogo de cintura, me mandou essa:

– Dona Flávia, não coloca porco, não. Escreve *sauté de porc*. A senhora vai ver como vai funcionar!

Assim foi feito. Lançamos o *sauté de porc*, e foi o prato mais pedido da noite! Ah, e experimente chamar filé de *entrecôte*: não sobra um!

ZAZÁ PIERECK

Isabela Piereck, 48 anos, mais conhecida como Zazá, é formada em administração de empresas, trabalhou no setor de marketing de grandes marcas, até que, em 1999, materializou seu grande sonho: abrir um restaurante que tivesse a sua cara e reunisse os sabores das diferentes culinárias que conheceu em suas viagens pelo mundo. Assim nasceu o Zazá Bistrô Tropical.

Por lá já passaram vários chefs conceituados, como Checho Gonzales e Pablo Vidal, mas Zazá nunca deixou de opinar e elaborar o cardápio pessoalmente. Tanto que, entra chef, sai chef, a essência da casa permanece a mesma. Vários clássicos que estão há anos no menu são receitas suas, como a nossa interpretação de shishbarak e o curry de frango orgânico com cogumelos, capim-limão, gengibre ao leite de coco e banana. Decoração e trilha sonora também são assinadas pela talentosa moça.

A bem-sucedida empreitada rendeu novos negócios, também tocados pela restauratrice, como o Zazá em Casa, serviço de bufê para festas e eventos (desde pequenos aniversários a grandes shows de música e desfiles de moda), e o Zazá para Filhotes, bufê para festas infantis, especializado em receitas saudáveis com apresentação lúdica.

A chapa esquentou

Era verão no Rio. Cidade lotada. Nessa estação, o Zazá Bistrô fica mais cheio do que de costume, pois além dos nossos clientes cativos é comum recebermos vários estrangeiros. O restaurante é referência para turistas, e somos – positivamente – invadidos por eles nas férias de verão.

Numa linda noite de casa cheia, com várias reservas e promessa de fila na porta, o clima do lado de dentro começou a ficar mais quente do que o calorão que fazia na rua, conforme os minutos para o restaurante abrir as portas iam passando e um dos cozinheiros não chegava. Nossa equipe era contada – cada um na sua praça, já responsável por várias tarefas – e não dava para deslocar ninguém do bufê, pois nesse dia também estávamos prestando serviço em mais de um evento. Para completar, o tal cozinheiro atrasado era nada mais nada menos do que o responsável pela chapa, setor por onde passam pelo menos 80% dos pratos, e difícil de ser trabalhado (é preciso habilidade para dominar bem uma chapa sem errar os pontos). A gente procurou o sujeito de todas as formas, mas nada de ele aparecer.

"O tal cozinheiro atrasado era nada mais nada menos do que o responsável pela chapa..."

O então chef, Lucio Vieira, que também não podia assumir integralmente o posto porque não tinha ninguém para cobri-lo em suas funções, já estava com o suor escorrendo pela testa quando olhou para todos nós e sentenciou:

– Vou passar a chapa pro Jerry.

Oi?! Jerry era o rapaz que lavava as louças. Tudo bem que ele trabalhava com a gente havia anos e sempre se mostrou interessado em aprender "os riscados" da cozinha, em ajudar nos preparos. Mas daí a passar para ele aquela responsabilidade toda, numa noite de casa bombando, mesmo sob o olhar atento e comando constante do Lucio... Enfim, não tínhamos muita saída, e o jeito foi confiar na decisão do chef e na destreza do Jerry.

Abrimos as portas e começamos o serviço. Vinha um pedido atrás do outro e o Jerry lá, selando, grelhando, finalizando. Tudo com as orientações do Lucio, que manteve um dos olhos o tempo todo na chapa, no melhor estilo "um olho no peixe e outro no gato". Os pratos seguiam para o salão e... Nenhum voltou! Nenhum cliente reclamou de nada. Para nossa surpresa, e alívio, o substituto de primeira viagem estava se saindo melhor do que a encomenda. Todos na cozinha, mesmo trabalhando em ritmo frenético, paravam e olhavam admirados a habilidade nata do ex-lavador de louças. Sim, "ex". Depois daquela noite, Jerry foi promovido e a chapa esquentou para o antigo cozinheiro que nos deixou na mão – foi dispensado sem perdão.

Inspiração? Pressão!

Cada chef tem um jeito diferente de criar pratos, e busca inspiração nas mais diversas fontes. Mas, no dia a dia de um restaurante, em muitos momentos a pressão e o quase desespero são as molas propulsoras para tirar coelhos da cartola e elaborar receitas que acabam se tornando clássicos da casa. O Zazá Bistrô não poderia fugir à regra e, graças a Deus, tive ótimos profissionais ao meu lado que conseguiram transformar o limão em limonada em vários momentos.

Anos atrás, por exemplo, na época em que a cozinha era comandada pelo Pablo Vidal (que viria a trabalhar no badalado Momofuku, em Nova York), tínhamos bolado um menu especial em que uma das receitas era uma salada caprese toda cheia de detalhes, e que era preparada com tomatinhos *sweet grape*. Eu sempre opino bastante na cozinha, várias receitas do cardápio inclusive são minhas, e tinha provado e aprovado a salada daquele jeito. Principalmente por causa dos tomatinhos, que eu amo e tinham combinado superbem no resultado final.

Para ter tudo bem fresco e garantir mais sabor e qualidade aos pratos, acertamos com o fornecedor que os ingredientes seriam entregues no próprio dia em que iríamos servir. E assim foi feito, tudo chegou no prazo e foi levado para a cozinha. Só que, quando abrimos a embalagem onde deveriam estar os delicados tomatinhos *sweet grape*, saltaram aos nossos olhos gigantescos tomates tipo *carmem*, aqueles tomatões para salada. Eram quilos e quilos do ingrediente errado. Muito errado!

Eu comecei a dar um pequeno ataque. Eu não queria aquelas capreses caretas, com rodelas de tomate intercaladas com a muçarela! Eu queria o sabor adocicado e o visual dos meus tomatinhos. Enquanto isso, vi a cara do chef se transformando. Primeiro ele colocou a mão na cabeça, arregalou os olhos e ensaiou surtar. Ao que, antes de dar os primeiros gritos, ele parou feito uma estátua, o rosto foi assumindo um semblante mais calmo, o olho brilhou e a boca soltou:

– Calma, acho que sei o que vou fazer com isso.

Eu só conseguia repetir que queria meus *sweet grape*, e o Pablo ia de um canto pro outro da cozinha juntando temperos, cortando daqui, misturando dali...

De repente, ele me apresenta um prato lindo, com o tomatão brilhando no centro, e disse para eu cortar. Obedeci e, de dentro do fruto vermelho, sem a pele, bem suculento e ladeado de folhas de rúcula, foi escorrendo suavemente um belo e delicioso recheio, numa versão inédita de caprese. Era uma salada embutida no tomate. Sabor incrível! Ele simplesmente havia cortado o topo do tomate, retirado pele e sementes, e preenchido com uma mistura de tomates secos, muçarela de búfala e uma *tapenade* divina à base de azeitonas pretas, alcaparras e azeite. Eu amei e bati o martelo:

– É essa a receita que vamos servir hoje, e daqui pra frente!

A caprese criada em poucos minutos, no improviso, não só entrou para o cardápio do restaurante, como foi uma das receitas que escolhi para integrar o livro *O mundo encantado do Zazá Bistrô Tropical,* que lançamos quando a casa completou quinze anos. Virou um ícone.

Roxo de... ideias!

Outro sucesso do restaurante criado em situação adversa foi o torteloni de beterraba, que atualmente é a sugestão vegetariana mais pedida e um dos pratos preferidos do público feminino. Desde que abrimos a casa, e lá se vão mais de quinze anos, sempre me preocupei com questões de sustentabilidade e de uso consciente dos alimentos, priorizando produtos orgânicos (desde sempre só usamos frango e ovos orgânicos, por exemplo, sendo pioneiros nessa iniciativa aqui no Rio) e ingredientes frescos vindos de produtores locais. Enfim, nesse contexto, não preciso dizer que a palavra "desperdício" estava completamente fora do nosso dicionário, né? Ninguém na cozinha podia ousar não aproveitar corretamente os insumos ou jogá-los fora indevidamente, sem tentar reaproveitar se algo não saísse como planejado.

Um belo dia, acredito que em 2013 ou 2014, tudo ia bem até que quilos e quilos de beterraba, usada num dos nossos pratos mais famosos – o atum com purê de batatas e wasabi, sagu de beterraba e couve crocante – desandou. Eram panelões lotados da beterraba que iria dar cor e sabor ao sagu completamente fora do ponto para aquele fim. Totalmente integrado com a nossa filosofia antidesperdício, o Lucio Vieira respirou fundo e separou aquele caldo grosso e roxo sem ter a menor ideia do que fazer. Mal sabia ele que aquilo era a solução para um problema que viria logo a seguir.

Sempre temos sugestões do dia, e, não consigo me lembrar por que cargas d'água, minutos antes de a casa abrir a cozinha ainda não havia definido qual seria. A turma do salão estava aguardando para escrever o prato do dia, e não saía nenhuma informação da cozinha. O Lucio olhou para as beterrabas e pensou: "Amigas, vocês vão ter que me salvar." Olhou aquela textura grossa, porém linda, e teve o insight de que, se fossem muito bem temperadas, dariam um recheio perfeito e que surpreenderia quando o colorido fosse revelado. Olha para um lado, olha para o outro, analisa o que tem à disposição sem prejudicar o preparo de outras receitas, mexe daqui, cozinha dali e *voilà!*. Tinha uma ideia na cabeça e beterrabas preparadas com primor à disposição. Agora era só correr para ver se dava mesmo certo e acalmar os ânimos da equipe do salão, que toda hora entrava na cozinha dizendo que os clientes perguntavam pelo prato do dia.

Sua intuição, inspiração e destreza funcionaram em tempo recorde, e ele conseguiu criar em minutos o torteloni artesanal de beterraba com agrião tostado, fondant de queijo feta e amêndoas torradas. O prato é simplesmente um show! A princípio seria servido só naquele dia, mas a aceitação foi tão grande (e de fato ficou tão bom) que acabou entrando para o cardápio fixo. E de lá não tiro, de jeito nenhum!

Sócio acidental

Quando encontrei o ponto ideal para abrir o Zazá Bistrô Tropical, num lindo casarão em Ipanema, pertinho da praia, me associei ao Joca Muller, amigo querido, de longa data, com quem havia trabalhado durante cinco anos na Johnson & Johnson. Era a parceria perfeita, o amigo em que eu tinha confiança, com quem me dava superbem, sujeito alto-astral, bom de lidar no dia a dia. Enfim, o sócio ideal para dar suporte para eu tocar o restaurante. Ia tudo bem até que, uns dois anos depois, ele se casou e mudou para Curitiba. Como quem ficava mais à frente da operação era eu (senti falta, claro) continuei tocando o barco e contando com a ajuda dele de longe.

Quando recebi a notícia de que ele estava voltando para o Rio, fiquei animadíssima. Uma alegria que durou pouco, pois logo na chegada levei um balde de água fria na cabeça. Ele estava enrolado com outros projetos e decidiu passar a parte dele no restaurante para a mulher, a Preta Moysés.

Peraí! Não foi ela que escolhi como sócia. Aliás, muito menos ela (!), com quem eu não ia com a cara e que achava a pessoa mais marrenta do mundo. Eu encarava tudo, falta de ingrediente, problemas de equipe, contratempos de infraestrutura, reclamações de clientes etc... Mas ter que lidar com aquela menina, tomar decisões importantes do dia a dia, era demais! Será que tudo iria por água abaixo? Será que o negócio ia desandar? Eu estava encurralada, e não podia deixar transparecer para a equipe, menos ainda para os clientes. Aquilo sim era estar frita... Socorro!

Não tinha jeito. Lá fui às primeiras reuniões com a cara amarrada (o que não é do meu feitio), prevendo um futuro sombrio pela frente. E aí veio a grande reviravolta. A lei do "no fim tudo dá certo" se fez valer mais uma vez. Talvez, a melhor das vezes.

A troca inesperada de sócios, feita totalmente ao acaso, na verdade me trouxe um grande presente, pois eu não podia ter pessoa melhor ao meu lado. Nós temos os mesmos valores éticos, de como agir com os funcionários, de como agir uma com a outra, e, ao mesmo tempo, perfis completamente diferentes que se encaixam como uma luva: o meu é o de ficar mais na linha de frente, o dela é de atuar nos bastidores, sobretudo na parte de gestão financeira. Talvez, se ela não tivesse chegado, o Zazá teria fechado por equívocos meus na questão da grana. E, se ela tivesse ficado com a operação sozinha, talvez não tivesse ido para frente por não ousar de vez em quando e dar a cara à tapa.

Esse, pra mim, é o melhor exemplo de estar frita e, por uma bênção do universo, transformar a situação em algo muito – mas muito mesmo – melhor.

ACADEMIA DA CACHAÇA

Há três décadas, um grupo de amigos com um pé no Nordeste e egressos do meio cultural, resolveu abrir um espaço com padrões ousados para a época, a começar pelo nome – Academia da Cachaça –, homenagem à bebida popular, naquela época de pouco (ou nenhum) apelo na classe média. E com cardápio nordestino, recheado de queijos coalho, beijus, carne seca... Quem comia isso pela Zona Sul carioca? Mas lá estava uma criação que causou sensação e se transformou em ícone da culinária carioca: o escondidinho, um purê espesso de recheios diversos, coberto por uma camada de requeijão, que, levado ao forno, gratinava e chegava (e ainda chega) fumegante.

Talvez tenha sido o perfume do tal escondidinho o responsável pelo sucesso da casa, que já se estende por exatos trinta anos, na matriz do Leblon (um mar de mesas pela calçada) e na filial da Barra. "Éramos vistos quase como marginais da gastronomia. Imagina a palavra 'cachaça' estampada na porta, e mais queijo de coalho entre as atrações?", lembra Edméa Falcão, uma das sócias desse endereço que driblou preconceitos e levou para a zona mais chique do Rio os sabores mais populares de várias regiões do país. Nada de chefs, harmonizações ou menus degustações. Só se for de aguardente. A casa detém o título de melhor carta de cachaças da cidade. Como duvidar? Mas a bebida "sobe", como se sabe – daí que é preciso muito, muito jogo de cintura para driblar as saias justas no salão. Alguns deles, Edméa, dona de um humor refinado e gargalhada fácil, divide aqui com os leitores.

Entre giros e gingas

Sempre trabalhei com cultura. Cheguei a dirigir a Funarte, o que me levou a viajar Brasil afora. A cada incursão pelo interior do país era acolhida de braços abertos, com comidinhas e bebidinhas maravilhosas. E bebidinhas, para grande parte dos brasileiros, é cachaça, certo? Provei das melhores, e das piores também. Daí que aprendi a gostar e a conhecer essa bebida tão brasileira. Em cada canto do país, um imenso orgulho pela qualidade da cachaça própria daquele lugar. E me apaixonei. Mergulhei fundo, estudei, degustei e, quando deixei o posto de executiva, decidi abrir um restaurante. Brasileiro, que tivesse a cachaça como estrela maior. Assim, alguns meses depois, não era mais uma diretora mas... uma garçonete! E viva a adaptação. Me juntei a grandes amigos (a cearense Renata Quinderé e o carioca Hélcio dos Santos), reunimos os nossos trocados e tocamos o projeto. Conseguimos o imóvel no Leblon, começamos a rascunhar o que seria servido e montamos nossa adega de aguardentes.

Mas, a certa altura da conversa, alguém me perguntou onde estava o "estudo de viabilidade" do restaurante. Parei, pensei (não havia estudo nenhum!), e em segundos apresentei um bem pessoal:

– Temos quatro mesas. Se tivermos dois giros de clientes em cada uma delas, pagamos a conta. Esse é o nosso estudo de viabilidade. E acabou sendo mesmo, tanto que estamos "girando" as mesas há trinta anos. E cada vez mais rápido.

Tudo na Academia foi feito dessa forma, com muita paixão, aprendendo no dia a dia, e com muito instinto, tanto que o formato da casa nunca mudou. Quer viabilidade mais comprovada que essa? Escolhemos um time bacana para projetar o espaço mínimo de sete mesas (hoje já bastante ampliado). Chamamos a museóloga e arquiteta Gisela Magalhães para criar todo o conceito de imagem da Academia. E ainda ganhamos um teto lindo, com bandeirolas da bandeira do Brasil que remetem às festas do interior. Onde se via isso no Rio?

E tínhamos também que montar o salão, contratar ajudantes, cozinheiros, tudo mais. O barman, peça fundamental, jamais tinha feito um drinque de cachaça na vida, mas ficou tão empolgado com a proposta, como bom cearense que é e apreciador da bebida, que respondeu sem pestanejar:

– Não sei nadinha, minha senhora, mas aprendo. Juro que aprendo. E rapidinho.

Foi contratado na hora, sem pestanejar. E não só aprendeu rapidinho, como virou um mestre em caipirinhas. Criou combinações diferentes, gelava o copo de forma criativa, coisa dele. Com o tempo, foi ficando cada vez melhor. E permaneceu no posto de barman oficial da Academia até se aposentar. É um dos muitos orgulhos que tenho dessa nossa empreitada meio louca, mas seriíssima. E deliciosa.

Quando acabou a obra no Leblon, o dinheiro acabou junto. Tínhamos que inaugurar o bar para que a grana começasse a entrar. Colocamos a turma da obra para fora, atravessamos a rua até o supermercado para comprar o que faltava e marcamos o dia da abertura. Correria, faxina, telefonemas para famílias e amigos, e nos demos conta de que... faltava um garçom! Olhei para o mestre de obras, bem-apessoado, e perguntei:

– Você já trabalhou de garçom?

– Olha, eu trabalhei sim, mas foi num motel – respondeu ele, um pouco encabulado.

– Parabéns, o senhor acaba de voltar ao ramo! Está contratado para ser o nosso garçom-chefe – arrematei sem nem dar chance para ele pensar.

Seus olhinhos brilharam. Ele topou no ato. Nosso primeiro garçom era dublê de operário e atendente de motel, dá para imaginar? Ele tinha uma abordagem única, chegava ao cliente com habilidade, discrição, e, o melhor dos melhores, se alguma coisa desse errado nas instalações da casa, ele resolvia!

Impróprio para mulheres

Era nossa primeira viagem para pesquisa de cachaças, um domingo de verão, "Rio 40 Graus", e pegamos a avenida Brasil em direção a Minas. Uma avalanche de carros descia a Brasil em direção às praias. Nosso pensamento: estamos mesmo indo na direção certa? Pesquisar cachaça? Não devíamos fazer como todos e ir para a praia? Por quatro dias, enveredamos pelo interior de Minas, por pequenos vilarejos. Em todos eles ouvíamos variações de: "Bem ali depois da curva tem um alambique que produz a melhor cachaça do mundo." Eram alambiques simples, pessoas simples, estrada de terra, e lá íamos nós, experimentamos todas. Umas quinze ou mais. De cada um íamos levando algumas garrafas, com a sensação de que já estávamos constituindo nosso estoque.

De volta ao Rio, uma descoberta desastrosa – naquela animação e bebeção toda, não tínhamos anotado nem endereço e nem telefone deles! Só mesmo refazendo a rota. Mas quem lembrava dela? Rota, mas que rota? Eram tempos pré-GPS...

Numa outra viagem fomos até Ouro Preto, para conhecer a produção da Cida Zurlo, botânica especialista em cachaças.

Depois de muita estrada de terra, o carro deu problema. Como obra do destino, nos informaram que no lugarejo onde paramos funcionava um bar onde era possível conhecer todas as melhores cachaças da região. Deixamos o carro para o meu sócio Hélcio levar para oficina e fomos em direção ao tal bar. O destino conspirava a favor.

O bar ficava próximo, e em minutos lá estávamos nós, duas mulheres, adentrando o recinto. Parecia aqueles filmes de faroeste, quando todos os homens se viraram para conferir aquela cena inusitada. Mulheres. Querendo beber cachaça. Isso, há trinta anos, era impensável por aqui... O dono se aproximou e perguntou sobre nós. De onde éramos, para onde íamos, o que queríamos ali. Nem Polícia Federal no México ou Rússia faz tanta pergunta.

– Vamos abrir um bar de cachaças no Rio, nosso sócio foi à oficina, e queríamos experimentar algumas bebidas – explicamos educadamente.

E foi aí que tivemos que engolir essa:

– Ah, então ele está vindo? Vamos esperar que ele chegue e aí sirvo vocês. Não sei servir mulheres.

E assim foi, todas a seco, até o "moço" chegar.

A descoberta do escondidinho

Eu era caixa, copeira, ajudava os garçons e dava ainda uma de *maître*. E a montagem do cardápio foi outra prova de força. Os grandes centros menosprezavam a culinária nordestina, pouco "gastronômica", coisa de boteco. Cachaça? Coisa de bêbado. Conseguimos reverter tudo isso. Nosso escondidinho é um dos pratos mais copiados do Brasil. Orgulho enorme!

E a questão da batata frita? No Rio, não incluir batata frita no cardápio é praticamente um tiro no pé, certo? Não necessariamente. Nas reuniões que fazíamos, batia o pé com firmeza e bradava, quase abraçada à bandeira nacional: batata frita, não! Meus companheiros tentavam negociar, me demover dessa decisão, mas era inútil. Não arredava pé. Sou dura na queda. Não fechei com a batata fria, mas apresentei uma contraproposta: que tal, no lugar da batata, um inhame fritinho, bem sequinho e crocante? Fechou! Outra ousadia, porque ninguém servia inhame no Rio. Era comida de anêmico, já que é rico em ferro. Emplacou. É um clássico da casa, onde batata frita, pode reparar, não entra.

"Quem comia isso pela Zona Sul carioca?"

Tapioca foi outra transgressão nossa. Quem não tivesse raízes nordestinas, não sabia do que se tratava aquele salgadinho crocante, barquinhas brancas e gratinadas. Eram os beijus. Pois lançamos e emplacamos, ganhamos essa na marra, pelo cheirinho que invadia o salão. E a turma pedia, repetia, gemia. E, a partir daí, aconteceu uma invasão desses beijuzinhos pela cidade, pelas altas e baixas rodas. Queijo coalho, carne de charque, coco... E foi então que alguém sugeriu uma versão doce, com leite condensado por cima. Tremi, o sangue subiu até a ponta do cabelo e proferi meu mantra dos últimos trinta anos: só por cima do meu cadáver.

Mais de 30

À frente de uma casa que existe há mais de trinta anos, passamos por momentos de não ter uma moeda nacional para nos basear. A conta chegava, e não sabíamos de que forma cobrar.

Março de 1990: inflação de 90% ao mês. Collor assume. Cria uma nova moeda, o cruzeiro, no lugar do cruzado novo. O caos. Foi chegando a hora de abrir o bar e não se conseguia a informação sobre qual a moeda que vigorava.

Sem internet, tentava-se o rádio, a televisão, pombo-correio, garrafas ao mar... Ligávamos para o Banco Central. Nada. Para secretarias estaduais, municipais, contadores, advogados, quem estivesse em Brasília. Ninguém sabia nada de nada. O estado geral era de apatia, perplexidade, ignorância.

Pouco antes das cinco da tarde chegaram os primeiros clientes. Pediram cerveja, caipirinha, inhame, bolinha de carne... Na hora da conta é que foi elas. Afinal, qual é o dinheiro que está valendo no país agora, nesse momento, Deus do céu? Ninguém sabia e não soube até o final do dia.

O pagamento? Ficou para o dia seguinte. Pegamos nome, telefone, endereço e ficamos de mandar a conta depois...

Nem a cachaça mais arretada da nossa carta nos levaria tão alto.

GUGA ROCHA

Conhecido em todo o Brasil por apresentar o quadro Super Chef, no programa Mais Você, de Ana Maria Braga, na TV Globo, o alagoano Guga Rocha brinca que se tornou chef por acidente. A avó paterna era confeiteira, mas quando criança ele ainda não tinha ideia da profissão que iria seguir. Cursou direito e administração, mas de Maceió rumou para São Paulo tentando a carreira de vocalista numa banda de rock.

Como a vida não estava fácil, Guga precisava fazer um extra para complementar sua renda. E foi nos restaurantes paulistanos que descobriu o seu verdadeiro dom: cozinhar. Partiu dali para o curso de gastronomia, e hoje coleciona experiências em eventos por todo o mundo: Itália, Portugal, Espanha, Tailândia, Canadá, Grécia, Bali, Mônaco, Uruguai, Argentina e França. Em 2011, comandou o quadro Blitz do Chef no Mais Você e, em 2012, virou um dos apresentadores do programa Homens Gourmet, do canal FOX Life.

Além de ser exímio cozinheiro, Guga é um personagem adorável, espirituoso e de bem com a vida.

Para não morrer na praia

Estava ainda no início da minha carreira como chef, lá no final dos anos 1990, todo cheio de gás, quando me convidaram para organizar uma festa de réveillon numa praia em Salvador, Bahia. Era uma oportunidade de mostrar meu trabalho num evento grande, cheio de personalidades, daqueles que a gente não pode recusar. Então, arretado como sou, mergulhei no projeto criando um menu bem autêntico e regional. Pensei em cada detalhe, muita tapioca, surubim, queijo coalho... Isso na teoria. Na prática, eu era um marinheiro de primeira viagem.

E, como fantasiei em meus sonhos mais remotos de que aquele seria "o evento", me esqueci de perguntar sobre os detalhes da infraestrutura, achando que lá na praia tudo estaria perfeito, como naqueles filmes de festa à beira-mar, sabe? Não pensei em perguntar: onde será a cozinha? Como ficará a refrigeração dos alimentos? E a equipe de cozinheiros? Não pensei em nada disso. Achei que era só chegar cozinhando.

No dia 30 de dezembro, fui ver a infra e fazer os testes prévios. Quando avistei a praia, me dei conta de que estava num paraíso tropical. Oh, uma praia deserta! Que linda! Ops! Peraí! Como na letra do Vinicius, "era uma casa, muito engraçada, não tinha teto, não tinha nada". Isso mesmo. A praia tinha uma pequena cabana, com um fogãozinho e uma geladeira. Sem água encanada. Sem panelas.

Como eu ia organizar tudo? Como eu ia trabalhar? Tinha que pensar rápido e ter uma solução. Como era um lugar afastado, corri para a igreja. Minha esperança era conseguir uns panelões das festas de quermesse, conversar com a cozinheira da região e pedir reforços. Como meu santo é forte, minhas preces foram atendidas.

Consegui panelões, refratários, potes, pratos, gamelas, tudo por lá. Convoquei as lavadeiras da região e, na beira do rio, fomos lavando tudo em água corrente e cristalina. Fiz ali minha equipe emergencial de cozinha.

E os ingredientes? Não chegavam. Fui ficando nervoso com aquela situação improvisada e ali mesmo conheci uns pescadores que me garantiram peixes fresquíssimos, camarões e mexilhões para a manhã seguinte. Mais natural impossível. Precisava também de palmito. Conversando com os ribeirinhos, eles me levaram até a casa de uma família que extraía palmito do coqueiro. Uma preciosidade.

Ah, e as sobremesas? Fui correndo até às doceiras da região: mamão verde, coco fresco, laranja, goiaba... Tudo feito no tacho. Uma delicadeza, dessas que a gente não vê em produtos industrializados.

Naquela confusão, o menu se transformou em algo superlocal: preparei ceviches com peixe do dia, caldo de mariscos, salada de palmito do coqueiro, arroz de coco, vaca atolada com a mandioca de lá, moqueca de camarão. Tudo muito fresco. Meu medo era nadar e morrer na beira da praia. Felizmente, não foi o que aconteceu. Nadei, nadei, e, de braçada, cheguei ao final da festa elogiado e com muitos brindes.

Sushi humano

Sabe como é início de carreira: temos que trabalhar e, às vezes, aparecem uns pedidos exóticos. Numa dessas, um amigo me chamou para coordenar um jantar particular, com um grupo de São Paulo. Recém-chegado à capital paulista, vindo de Maceió, não tinha como negar trabalho. Pensei: "Bacana, mais um contato e uma forma de conhecer gente."

Cheguei ao local combinado, um salão bastante chique, e alguns executivos vieram conversar comigo.

– Oi, você é o chef?

– Sou sim, prazer. O que vocês pensaram para o cardápio?

– Sushi humano.

– Como assim?

– Aquele que a gente vê nos filmes, no qual uma mulher se deita nua sobre a mesa, cheia de sushi no corpo.

– Opa! E agora? – pensei alto.

Para me tranquilizar, os caras logo quiseram combinar o valor do jantar. Cifras altíssimas. Não pestanejei. Depois, fiquei pensando: onde vou arrumar uma mulher que tope colocar sushi no corpo? O sushi não vai esquentar? Eram muitas dúvidas para solucionar em uma tarde.

Mas um amigo, também cozinheiro, me tranquilizou. Disse: eu arrumo uma amiga, que é atriz. Ela não vai se importar em interpretar esse personagem comestível. Você cuida da comida.

Fechado.

Passei a tarde cortando os peixes e imaginando como faria a apresentação daquele "prato". Onde coloco o sashimi de salmão? E o atum? E o peixe-branco? Ai, que frio na barriga. Que situação hilária!

A mulher chegou. Ficou aquele climão. Falei, para quebrar o gelo:

– Vamos mergulhar nessa?

E caímos todos na gargalhada.

"O que vocês pensaram para o cardápio?"
"Sushi humano."

Logo em seguida, nossa amiga foi para a mesa, nua. Fui colocando o peixe com cuidado, gargalhando e correndo da cozinha para o salão. Quando os convidados chegaram, aquela cena já esperada: uma mulher coberta de peixe, uma "sushiwoman". Coisas que só o fetiche da cozinha te proporciona.

Conversa vai, conversa vem, percebi que a festa estava apimentada. Muitas conversas ao pé do ouvido, gente comendo com os olhos o parceiro da mesa ao lado. Até que alguém veio me explicar aquela experiência toda: era uma festa de troca de casais.

Pão de queijo canadense

Participo de muitos eventos internacionais, com o intuito de levar a gastronomia brasileira para o mundo. Não meço esforços para apresentar os ingredientes daqui. Como manda o protocolo, garimpo antecipadamente os ingredientes que vou utilizar do outro lado do mundo e assim não caio nas mesmas arapucas do início de carreira.

Numa dessas, voei para Montreal, no Canadá, convidado para preparar o jantar principal de um evento de gastronomia, para duzentos convidados. Claro, não podia levar nenhum alimento na mala. Então, fiz uma pesquisa e mapeei o que encontraria por lá em casas especializadas. Incrivelmente, um bazar africano me atenderia com ingredientes como feijão-preto, farinha de mandioca e polvilho azedo.

Mal desci do avião, fui correndo até o bazar comprar tudo, tenso com a possibilidade de não encontrar alguma coisa. Finalizadas as compras, parti logo para a cozinha no início da manhã. Expliquei aos assistentes o que faria, mas claro que eles não conheciam feijoada, pão de queijo, farofa... Então, tive que coordenar tudo ao mesmo tempo, com pontualidade. Te digo, é um desafio trabalhar fora do nosso país.

A coisa foi fluindo naturalmente. Deixei o pão de queijo por último – afinal não tinha tanto o que cozinhar assim. Seria uma entradinha. Já próximo da hora do jantar, colocamos a massa no forno. O pãozinho foi crescendo, com um aspecto molenga, meio estranho. Pensei: vou fazer uma outra massa, quem sabe essa não desandou? E tentei novamente. De novo, pãezinhos para o forno. Mas nada. O mesmo aspecto aerado, sem rigidez nenhuma. Um desastre.

Resolvi adicionar mais polvilho. Forno de novo. Nada. Era hora de começar o jantar e eu não tinha uma entrada para servir. Retirei a última fornada: estava mais simpática, apresentável, pelo menos. Era um pão de queijo muito fofo, extremamente fofo, eu diria. E, olha, estava gostoso.

Não dava para refazer. Então, lá foram os pães de queijo para a mesa. Duzentos comeram suspirando, comentando, elogiando aquele pão que, na verdade, não era tão brasileiro assim.

Segui o jantar servindo feijoada com farofa. No entanto, o maior sucesso da noite acabou sendo mesmo o pão de queijo gringo. E agora, como faço de novo no Brasil? Tive que voltar ao bazar africano. Foi quando descobri que, na verdade, o que pensei ser polvilho azedo era farinha de inhame. É muito parecido. Sorte ter dado liga e virado um "bolinho canadense".

JAN SANTOS

O chef Jan Santos nasceu em Governador Valadares, Minas Gerais, mas vive no Rio há 32 anos. Deixou o mercado financeiro em 2004, quando conheceu o executivo espanhol Antônio Alcaraz, que veio a se tornar seu marido e sócio. Foi para a Espanha em 2004, para fazer MBA e, por lá, seus planos mudaram do mercado financeiro para a cozinha: conheceu de perto a gastronomia hispânica, na qual se especializou. Sua temporada em Madri durou até 2008, quando o casal decidiu voltar ao Rio para abrir seu próprio negócio, uma tapearia, oferecendo uma viagem a diferentes regiões da Espanha.

Des 2010 a junho de 2017, comandou o Entretapas, em Botafogo, restaurante de tapas espanholas premiado pelo Guia Michelin no Brasil na categoria BIB Gourmand (de "boa comida com preços moderados"). Em 2014, a filial que o restaurante teve no Jardim Botânico lançou um projeto pioneiro sustentável, que envolvia desde o aproveitamento da chuva às paredes com material reciclado.

Inauguração

Numa noite quente do verão carioca, daquelas de derreter os cocos, conheci o espanhol Antônio Alcaraz, à época executivo de uma multinacional. Foi amor à primeira vista. Num bar em Copacabana, tomamos drinques, conversamos, gargalhamos e trocamos telefones. Mas o melhor ainda estava por vir. Como nos folhetins latinos, cheios de amor visceral, deixamos tudo para trás, inclusive os trabalhos de terno e gravata, para viver na Espanha. Queríamos experimentar uma outra receita de vida.

Dá-lhe *jamón, croquetas, gaspacho, huevos rotos, tortillas, montaditos* e muita sangria. A vibrante cozinha espanhola havia me fisgado. Foi nesse cenário que nasceu o nosso primeiro "filho": o restaurante Entretapas. De família mineira de Governador Valadares, eu tinha uma queda pela cozinha desde a infância. Afinal, para os mineiros, essa é a melhor parte da casa. Já o Antônio contava com sua vasta experiência em administração de empresas. Trabalhou no México, na Argentina e no Brasil. Tínhamos uma fórmula de sucesso.

"Até que, no meio da noite, uma 'cachoeira' começou a cair do teto na cozinha."

Determinados a abrir um restaurante no Rio, fomos colocando fermento no projeto. Eu investi em cursos no berço da gastronomia espanhola. Viajei pelas regiões da Catalunha, em alta com a gastronomia de vanguarda, pela Andaluzia e pela capital, Madri. Depois do mergulho em terras hispânicas, partimos de volta para o Rio.

Apostamos num casarão na rua Conde de Irajá, em Botafogo. Começamos a reforma para a inauguração em seis meses. Foi tudo muito intenso, rápido. Com a obra terminada, faltava algo no salão. Pensamos em vários ícones espanhóis, até chegarmos à ideia da figura de um touro. Pensamos:

"Quem sabe uma silhueta?" Assim foi.

Começamos então a planejar uma inauguração badalada, com cerca de cem pessoas, entre formadores de opinião, críticos, artistas plásticos. A equipe estava afinada, treinamos dias antes, com o menu definido. Tudo parecia estar certo para inaugurar com chave de ouro. E enfim chegou o grande dia, 12 de novembro de 2010.

A trilha sonora estava rolando no salão. Os convidados chegando animados, elogiando o clima, a decoração. Parecia um sucesso absoluto. As comidinhas saindo perfeitas.

Até que, no meio da noite, uma "cachoeira" começou a cair do teto na cozinha. Explico melhor: um vazamento de água surgiu do teto da cozinha. Gritei, em pânico:

– Como assim? De onde vem essa água? A fritadeira está ligada e, se uma gota cair aqui, a cozinha pode explodir!!!

O Antônio tentou acalmar a equipe, com o seu sotaque espanhol inconfundível:

– É nossa inauguração. Vamos mostrar tranquilidade, tudo vai se resolver. Tranquilos, tranquilos.

Resolvemos dividir a equipe. Parte cuidaria do salão, outra tentaria conter a água, e uma terceira se concentraria na comida, para ninguém sair falando mal do restaurante logo na estreia. Até resolver o problema, preparamos muitos drinques. Com uma sangria aqui e umas *cavas* acolá, os convidados não se dariam conta da confusão nos bastidores, imaginei.

Depois de uns quinze minutos de muita tensão, conseguimos descobrir que a caixa d'água estava sem a boia que controla o nível da água, impedindo o transbordamento. Fizemos uma gambiarra. Nada de dar certo. Dá-lhe sangria nos convidados. Mais uma tentativa, mas a cachoeira na cozinha não cessava. E dá-lhe sangria, sangria, sangria...

A cozinha foi ficando alagada. Era difícil conter o nervosismo. O meu medo era que a água chegasse até o salão. Imagina o desastre?

– É minha estreia como chef! Não posso deixar cem pessoas com fome – gritava desesperado.

Depois de muita água rolar (literalmente), demos um olé no vazamento. A água parou de cair. Tudo certo! Era partir para as tapas. E às favas com a dieta.

O cozinheiro argentino

Era janeiro de 2013. Eu precisava de um cozinheiro de confiança para repassar os segredos do Entretapas, em Botafogo. Recebi diversos currículos, fiz inúmeras entrevistas e testes na cozinha. Nada. Não sentia confiança no que via. Resolvi, então, esperar o momento certo. Até que bateu à minha porta um cozinheiro argentino. Parecia ser um rapaz competente, disposto a trabalhar, contente com suas possibilidades no restaurante. Contratei-o logo no primeiro teste.

Os meses a seguir foram memoráveis. O argentino fazia *paellas* impecáveis, *gaspacho* no ponto, *rabo de toro* cozido perfeitamente. Parecia que havia nascido para a culinária hispânica. Seu desenrolar entre os fogões era como o balé de um toureiro. Tinha garra, força e leveza para circular entre as panelas, as fritadeiras e os insumos.

Digno de confiança pelo trabalho árduo, resolvi promovê-lo a coordenador de cozinha. Era o mais honesto diante de tamanha dedicação. Dei a ele um aumento de responsabilidades e, claro, de salário.

Eu tinha uma viagem marcada para a Espanha, cujo objetivo era entrevistar alguns ícones da gastronomia espanhola para um evento no Instituto Cervantes do Rio. Estava tranquilo, afinal meu braço direito estava lá, na cozinha.

Parti rumo à Espanha. Tudo certo. Assim que coloquei os pés em território espanhol, recebi um telefonema da gerente do Entretapas:

– O argentino deixou o restaurante – disse ela com a voz apavorada.

– Como assim? Ele não disse nada. Não me deu nenhum sinal de insatisfação – questionei.

– A mulher dele é uma cantora inglesa, que fazia shows em ruas e praças do Rio. Agora, foi descoberta por um programa de televisão e ele vai ser empresário dela – explicou a gerente.

Moral da história: nunca confie em "coordenadores milagrosos", mas sim na sua equipe – pois, afinal, foi o que me salvou.

JOSÉ HUGO CELIDÔNIO

Ele é chef de cozinha, jornalista, escritor de verve afiada e refinada, e um dos mais importantes nomes da cozinha brasileira. Vem de um tempo em que gastronomia era culinária e chef era figura bissexta no cenário do Rio. Esteve à frente da antológica boate Flag, que balançava Copacabana, e do restaurante Clube Gourmet, em Botafogo ("Em frente ao cemitério, tem que ter coragem!"), onde inovou com serviço de vinho – foi das primeiras casas a ter adega por aqui – e aulas de cozinha, que comandava no mesmo ambiente.

Paulista de nascimento, há algumas décadas Celidônio elegeu o Rio para viver com a sua inseparável Marialice, companheira de vida. Autor de vários livros de gastronomia, Celidônio foi durante anos colunista do jornal O Globo. Aqui, divide passagens divertidas de sua trajetória profissional.

Traje típico

Lembro de algumas histórias como se tivessem acontecido ontem. Ou hoje. Como o dia em que sugeri a uma senhora que almoçava no Clube Gourmet, toda bem-vestida, cheia de colares e brincos, que provasse carpaccio, a última novidade do cardápio da casa. Tirando o Danio Braga, que o servia no Enotria, poucos conheciam essa iguaria no Rio. Carne crua não ia além do steak tartare, eventualmente um quibe cru num restaurante árabe.

A tal senhora não entendeu direito o que eu dizia e indagou:

– Carpa? O senhor está sugerindo que eu coma carpa?

Expliquei que não, que não era carpa e sim carpaccio, um prato italiano famoso, feito de fatias bem finas, quase transparentes, de carne crua gelada, que ganhava um molho e era servido com torradinhas.

Ela arregalou os olhos, respirou fundo e me passou um pito:

– Celidônio, francamente, você acha que eu me arrumei toda bonita, pus minhas pérolas para comer carne crua?

A vontade era de rir, mas preferi insistir para que a simpática senhora aceitasse a minha sugestão. Por fim, acatou, provou e gostou:

– Vou recomendar para as minhas amigas – me disse na saída.

E eu aconselhei:

– Mas avisa que o traje é para comer carne crua.

Vide bula

A Associação Brasileira dos Sommeliers tinha acabado de ser inaugurada, e o universo do vinho no Brasil começava a despertar. Isso era década de 1980. Surgiram as adegas climatizadas e as taças de qualidade. As cartas de vinhos engrossaram e ganharam destaque, a figura do *sommelier* conquistou o salão, e a palavra harmonização entrou para o nosso vocabulário. Brinco com o Danio Braga, amigo de sempre, que ele é o responsável pelo surgimento dos enochatos.

Felizmente a fase passou. Ou está passando. *Tintim!* Nos tempos de Gourmet, volta e meia alguém me chamava até a mesa para fazer uma consulta sobre vinho. Sabiam que eu entendia bem do assunto, que tinha estudado na Borgonha, que quem cuidava da adega do restaurante era eu. Ouvia atentamente todos eles, trocávamos rótulos, informações...

Um dia, um jovem engravatado, de gel no cabelo e relógio de grife enorme, me desafiou:

– Celidônio, duvido que você já tenha tomado um vinho mais antigo do que o que abrimos ontem à noite: um *Mai-*

son Fondée 1830! – gabava-se, confundindo o tempo de vida da vinícola com o do vinho.

– Que guarda, Zé Hugo, que guarda... – complementava com os olhos brilhando.

Papelão

Essa nova geração de bons chefs que temos hoje pelo país deve achar comum encontrar pelas prateleiras dos mercados coisas como alecrim, manjericão, rúcula, cogumelos, folhas de todas as cores, e outros produtos de qualidade. Mas não era bem assim trinta anos atrás, quando matérias-primas mais refinadas eram figuras bissextas por aqui.

Portanto, o jeito era trazer de fora, e, além das dificuldades burocráticas, o custo final era alto. Daí, para nós, cozinheiros, só restava criar, ousar, testar, substituir, improvisar...

Uma vez ouvi o chef Pierre Troisgros, pai do Claude e avô do Thomas, dizer uma frase que nunca mais esqueci. Ele tinha vindo fazer um jantar em São Paulo, e combinou de servir um prato clássico do seu restaurante Roanne, na França, que era finalizado com creme de leite fresco.

Só que, na data combinada, uma greve de caminhoneiros suspendeu o fornecimento de uma série de produtos – entre eles, o creme de leite. Não se encontrava em lugar nenhum. Fomos então contar para ele o imprevisto, meio assustados com a possibilidade de ele reagir mal, mas nada disso. Calmamente, respondeu:

"Ficamos absolutamente sem ação ao perceber que um casal estava comendo o papel! Achamos melhor não falar nada..."

– São nos momentos de dificuldades que mostramos que somos bons cozinheiros. Com tudo de melhor nas mãos, é fácil fazer bonito – disse, nos tranquilizando.

Minha linha de trabalho naqueles tempos era bem essa. Se não tem isso, vamos testar aquilo. E costumava funcionar. No lugar de escargots, que custavam uma fortuna, eu usava coração de galinha, servido com o molho de manteiga típico para acompanhar o caracol. E a turma adorava, saboreava como se fosse o próprio.

E ia inovando, introduzindo pratos mais elaborados no cardápio, basicamente receitas francesas. Uma noite a sugestão do chef era frango com cogumelos em *papillote*.

Era um prato simples e gostoso, que trazia no prato os cogumelos envoltos em papel-manteiga. Teve boa saída naquela noite, mas ficamos absolutamente sem ação ao perceber que um casal estava comendo o papel! Cortavam o papel e comiam como se fosse uma massa folhada. Achamos melhor não falar nada. E eles foram até a última garfada, felizes da vida. Só não sei como acordaram no dia seguinte...

Ah, e teve também o cliente que queria porque queria comer coelho à lapin, para desespero do *maître*. Foi uma luta para os dois chegarem a um acordo!

Hi-tech

Minha esposa, Marialice, e eu fomos jantar na casa de um amigo, que nos recebeu na porta de touca plástica de banho. Pensei de cara que tínhamos chegado cedo demais.

– Você ainda vai tomar banho? – perguntei.

Ele, indignado, respondeu:

– Claro que não, você não está vendo que estou de avental! Era o máximo da higiene: touca plástica para cozinhar.

Teve mais. Quando fui até a cozinha para acompanhar o prato que ele preparava, meu amigo, além da touca, usava luvas plásticas, como se estivesse num centro cirúrgico.

– Não estranhe, Zé Hugo, decretei guerra às bactérias. Você tem visto os estragos que a salmonela tem feito? – disse se referindo a esse tipo comum de bactéria.

E apontava para a sua mais nova engenhoca gastronômica: um esterilizador de instrumentos cirúrgicos. Sim, ele tinha um...

Marialice e eu estávamos cada vez mais assustados com a maluquice do nosso amigo. Ele tinha acabado de se separar, e para Marialice "devia ter pirado com o divórcio".

A uma certa altura, ele chegou ao auge: abriu uma das gavetas da cozinha moderníssima, e tirou um secador de cabelo. Pensei: mas o que ele vai fazer com isso?

E ligou aquela barulheira danada. Com a ajuda da cozinheira, que vestia avental descartável, daqueles de hospital, pegou um ramo de salsa e cebolinha e começou a secar as ramagens, como se fosse a prática mais comum do mundo.

Mas, verdade seja dita, os verdinhos devem mesmo ser cortados secos. Ficam mais bonitos e gostosos. Mas, claro, há outros métodos mais simples, como apenas esperar que sequem naturalmente. Tem sido assim há milênios.

ONILDO ROCHA

O celebrado chef paraibano Onildo Rocha está à frente do Grupo Roccia, composto pelo restaurante Cozinha Roccia, aberto em 2013, e o bufê Casa Roccia, inaugurado em 2005, além da OR Concept, que planeja festas e eventos. Com proposta de cozinha autoral, o chef utiliza técnicas francesas, herança de seu estágio com Laurent Suaudeau em São Paulo, no período em que frequentou a Escola de Artes Culinárias e a faculdade de gastronomia Anhembi-Morumbi.

O cozinheiro é um grande defensor dos ingredientes paraibanos e não abre mão de utilizá-los em suas receitas. Batata-doce, macaxeira, arroz-vermelho e feijão-verde são matéria-prima de seus pratos mais elogiados.

Pipoca de feijão-verde

Não tem como negar. Muitas receitas criativas surgem de "mancadas" na cozinha, de um momento de correria, de uma troca de panelas. E temos que estar atentos a tudo isso. Às vezes o erro acontece e a reação que a gente tem é pensar em jogar tudo no lixo. Mas, há tempos, faço o exercício de aprender com os erros, na vida e, claro, na minha cozinha.

Certa vez, estava trabalhando num evento da ONU para duas mil pessoas, no Centro de Convenções de João Pessoa, na Paraíba. Era um trabalho intenso, com muitos serviços, café da manhã, *coffee break*, lanche da tarde, coquetéis e almoços. Uma loucura, muito corrido. Num determinado dia, estava combinado de servir um menu regional, uma forma de eu apresentar a culinária paraibana e nordestina aos participantes de todo o mundo. Era hora de fazer comida brasileira de verdade. Eu sabia que não podia errar e precisava surpreender. Pois bem: encomendei 140 quilos de feijão-verde. Metade para cocção, e o restante para outras receitas.

Lá no Centro de Convenções estávamos trabalhando apenas com a finalização dos pratos. Tudo vinha do meu restaurante já previamente preparado. O jeito mais prático de trabalhar,

"Pois bem: encomendei 140 quilos de feijão-verde."

já que não dava para fazer tudo ali. A cozinha tinha duas estações: uma para frituras e outra para cocção. E, naquela correria do evento, meu assistente, em vez de colocar os feijões para cozinhar na água, se confundiu e jogou tudo na fritadeira com óleo quente. E, claro, não percebeu. Depois de alguns minutos, se deu conta da mancada. E comentou com os colegas:

– E agora? Como eu faço? Conto para o chef?

– É melhor não – uns opinaram, mas sabiam que não havia como esconder o estrago por muito tempo.

Passados uns quarenta minutos, um dos cozinheiros veio me dar a notícia, muito, muito receoso da minha reação. Claro que na hora a gente fica tenso, está nervoso. É muita responsabilidade servir duas mil pessoas, de diferentes partes do mundo. Mas o que eu podia fazer? Pensei: experimento! E fui comer o feijão-verde frito. Para minha surpresa e de toda a equipe, estava crocante e muito gostoso, parecendo uma pipoca. Não tive dúvidas: vamos servir no coquetel da noite.

Uma operação bem corrida, que deu um trabalho enorme, com o evento já para acontecer. Mas, enfim, conseguimos fritadeiras suficientes para produzir a nossa mais nova receita: Pipoca de Feijão-Verde.

Servimos no coquetel e o prato fez o maior sucesso. Era o mais comentado entre os participantes. Depois, entrou para o meu cardápio no prato que batizei como "Textura de Feijões", com a pipoca, o cozido e uma emulsão.

O errado é o certo

Toda terça-feira à tarde no Casa Roccia a gente se reúne com a equipe para escutar as ideias. Todo mundo, desde quem fica na pia e na faxina até os cozinheiros, fala sobre os pratos, dá sugestões, leva ingredientes, enfim, é uma roda de conversa. Desse bate-papo surgiram muitas coisas interessantes, já ajustamos o atendimento, a abordagem aos clientes, a liberação dos pratos. É uma hora descontraída e importante para o nosso trabalho ir em frente.

Numa dessas, um colega responsável pelo almoço da brigada falou sobre o arroz-vermelho, que servimos *al dente*. Só para explicar: é um arroz mais rústico, que vem do interior, do Vale do Piancó, e que foi proibido pela coroa portuguesa no Brasil Império. O motivo: queriam apenas o arroz branco e por isso acabaram com o seu cultivo. Felizmente, essa comunidade isolada continuou plantando, e hoje temos o arroz-vermelho no nosso cardápio. É uma forma de incentivar a produção local, os ingredientes que são da nossa terra.

Bem, na hora de cozinhar esse arroz, temos o maior cuidado. Como é um grão mais rústico, se ele passa do cozimento fica diferente, estoura. E definimos que o ponto *al dente* seria o ideal. Quando passava, o pessoal da brigada pedia para comer assim mesmo. Então o cozinheiro observou que aquela massa mais consistente poderia servir de matéria-prima para uma espécie de "canudo" de arroz. Tipo um tubo de massa doce que temos nas ruas da Paraíba. E resolvemos testar.

O mais difícil já fazíamos, que era deixar o arroz-vermelho *al dente*. Passar do ponto era mais demorado, mas já havia acontecido outras vezes. Testamos, fizemos o canudo e ficou muito bom. Toda a brigada provou e aprovou a sugestão do colega. Passei a servi-lo como *snack*, de entrada, recheado de abacate. Mais um erro que se transformou em acerto na cozinha.

THIAGO CASTANHO

O paraense Thiago Castanho é um dos chefs mais celebrados da nova cozinha brasileira, por defender ingredientes e modos de fazer da culinária amazônica. À frente do Remanso do Bosque, em Belém do Pará, inaugurado em dezembro de 2011, Castanho combina a cozinha tradicional com técnica e criatividade, privilegiando ingredientes de produtores locais, como tucupi e farinha de tapioca, além de frutas como açaí, cupuaçu, bacuri e piquiá, bem como peixes nativos como pirarucu, tucunaré e tambaqui.

Sua história na cozinha começou na pizzaria do pai, Francisco da Silva Santos. Ele e o irmão Felipe faziam as entregas pela vizinhança. Até que, em 2004, surgiu o primeiro restaurante da família, o Remanso do Peixe. Foi ali que exerceu a função de garçom e lavador de pratos, até chegar ao comando da cozinha.

O Remanso do Bosque figurou em todas as edições da prestigiosa lista Latin America's 50 Best desde que ela começou a ser compilada, em 2013.

Banana-da-terra

Nos testes de cozinha, 95% dão errado. Nunca um prato se acerta na primeira vez. Mas queimar, na cabeça de cozinheiros, é um dos erros mais incorrigíveis. É quase impossível voltar atrás quando passa do ponto, por exemplo, uma casquinha crocante, daquelas que ficam com o gosto do fogo, da brasa. Sabe aquele franguinho que ganha uma camada crocante? Então, é muito tênue o limite entre um queimado saboroso e algo amargo, que esturrica a carne. Penso que esse sabor resgata memórias afetivas, ancestrais, do homem com a fogueira.

Bem, fazemos um prato todo com banana-da-terra, que inclusive está no nosso livro *Cozinha de Origem*, de 2014, e, para seguir com o conceito dele, decidimos usar a casca da banana para servir de prato – o utensílio mesmo. Para isso, pedi a um cozinheiro para deixar as cascas no forno baixo, com a porta aberta, para desidratá-las bem. Mas sabe como é, entra turno, sai turno, e numa dessas correrias um deles não foi avisado de que havia uma assadeira com cascas de banana no forno. Ele precisava assar abóboras, colocou o recipiente ali do lado, aumentou a temperatura e fechou o forno.

Nossa função na cozinha continuou. O salão estava cheio, precisávamos liberar os pratos e havia um grupo grande. Todo mundo concentrado, cada um executando uma tarefa para colocar na mesa torresmo de peixe com molho de açaí, moqueca de banana-da-terra, farofa de castanha-do-pará, costela de tambaqui na brasa, o pato no tucupi com jambu, o bolo de macaxeira da dona Carmem (receita da minha mãe) e o pão de tapioca e queijo coalho na folha.

Depois de uma meia hora, quando perguntei sobre a banana, o meu colega cozinheiro me olhou assustado e disse:

– Ihhh, que banana?

– A que estava no forno desidratando – respondi.

– Não, no forno tem uma abóbora que coloquei lá há pouco.

Corri para o forno e vi que a banana estava lá do lado, fumaçando, toda preta por dentro. Na hora, a primeira coisa que pensei foi "Putz, joga fora e faz tudo de novo". Mas em cozinha não pode se apavorar, porque tem esse lance dos erros que podem nos indicar algo. Então, vi que estava no formato que queríamos, pelo menos. Nada de jogar fora. Resolvi guardar no balcão.

Começamos uma nova tentativa, respeitando a temperatura e o tempo de cozimento. Deixamos em fogo baixo, por cerca de vinte minutos. Eis que surge a nova banana. Estava mais bonita, mas não ficou no formato que gostaríamos. No final, preferimos a bem queimada.

Gafe

Tanto no Remanso do Bosque quanto no Remanso do Peixe, as pessoas têm o costume de visitar a cozinha. Gosto dessa interação com os clientes, tento ser carinhoso, brincar com o povo, saber de onde vêm, e alguns já me conhecem por isso.

Pela nossa cozinha já passou muita gente. Gringo, chef estrelado, produtores de comunidades ribeirinhas, os moradores de Belém... Tem de tudo, e gostaria que fosse ainda mais acessível. Por isso, eu até tirei o menu degustação do cardápio, para tornar o restaurante mais democrático. Assim, entra quem quiser comer um prato e pronto.

Mas, claro, é preciso tempo e experiência para aprendermos a lidar com o público. Isso não se ensina em nenhuma escola de gastronomia. O jogo de cintura você vai adquirindo com a vida, com os tropeços e erros que também estão nos relacionamentos com os clientes. Nem sempre é um mar de rosas, e temos que reverter muitas situações.

Me lembro bem do início do Remanso do Bosque, quando um casal pediu para visitar a cozinha. A mulher estava com uma barriga acentuada e eu não tive dúvidas: estava grávida! Que honra! E eu, para descontrair, falei para a cliente, ao mesmo tempo em que tocava na barriga dela:

– Opa! Quando vem o nosso próximo cliente? – perguntei sorrindo.

E ela respondeu meio desconcertada:

– Não estou grávida.

Nesse momento, se eu tivesse um botão de teletransporte, iria apertar correndo e desaparecer. Mas como o erro já estava feito, pedi milhões de desculpas e fiquei com vontade de me jogar dentro do forno. Desde então, nunca mais faço comentários pessoais.

Visita estrelada

No nosso projeto Visita Gastronômica, recebemos diversos chefs brasileiros e internacionais. É uma forma de trocar experiências com outros cozinheiros e servir um cardápio diferente do habitual. Certa vez, recebemos a querida Roberta Sudbrack, chef gaúcha que cozinhou no Palácio do Planalto para o então presidente Fernando Henrique Cardoso, e que comandava o restaurante RS, no Rio de Janeiro.

Estávamos à vontade, cozinhando em família. A equipe toda empolgada com a presença da Roberta ali. Tínhamos que preparar um jantar para 140 pessoas. Para a ocasião, a chef trouxe um caldo de *jamón* com a intenção de servir com *aviú* (uma espécie de camarão seco), castanha-do-pará e cogumelos. Quando estávamos preparando o prato, nos demos conta de que o caldo seria insuficiente.

– E agora, como vamos fazer? – perguntamos simultaneamente.

– Não adianta colocar água porque o sabor vai se perder – disse Roberta em voz alta.

"Fizemos uma 'rasgueiragem' de leve..."

Olhei nas minhas prateleiras e vi ali um vidro de licor de cacau. Peguei logo e mostrei para ela, que sorriu ao ver o que era.

– Vamos de licor de cacau então? – sugeri.

E a chef aceitou na hora. Foi uma diversão, porque na cozinha fizemos uma "rasgueiragem" (termo usado para quando precisamos acertar algo de última hora) de leve. Como o molho era dela, a responsabilidade ficou com a Roberta. O resultado foi ótimo, e os clientes saíram felizes.

MORENA LEITE

Morena Leite viveu entre panelas desde pequena, no restaurante de seus pais, o Capim Santo, no coração do Quadrado de Trancoso, sul da Bahia. Na maioridade, se mandou para a Europa, mais precisamente para Paris, onde se formou como chef de cozinha no Le Cordon Bleu. Concluída a formação, fincou bandeira em São Paulo, onde abriu a primeira filial do restaurante fora da Bahia. Numa feliz comunhão de técnicas francesas com brasilidade, Morena segue fazendo carreira sólida Brasil e mundo afora. Autora de doze livros de sucesso, Brasil, sons e sabores lhe rendeu o prêmio de melhor livro de cozinha do mundo no quesito inovação.

À frente também de um disputadíssimo bufê, que já comandou festança até dentro do Museu do Louvre, a chef acumula um divertido cardápio recheado de histórias, atropelos, confusões e, felizmente, soluções. No comando de uma equipe de 250 funcionários, sendo 85 cozinheiros, que se dividem pelas seis filiais (a mais recente no Rio), Morena diz que não existe maior escola de cozinha. "Quem comanda bufê aprende a se virar, seja como e onde for. Não existe essa de tempo ruim." Nem mesmo no topo do Pão de Açúcar, quando o fogão que dividiria com Claude Troisgros explodiu minutos antes de a festa começar...

Sufoco nas alturas

Era a festa comemorativa do centenário do Pão de Açúcar. Eu e Claude Troisgros cuidaríamos dessa noite estrelar, um jantar para quinhentos seletíssimos convidados, entre eles, vários chefs de estado. Para se cozinhar a quase quatrocentos metros de altura, convenhamos, não pode faltar nada, não existe plano B. Se algo der errado, é preciso jogar com a sorte e com a criatividade. Como no caso de um fogão cheio de pedigree que sei lá por que cargas d'água, quarenta minutos antes do agito começar na cozinha, deu um piti, sacudiu, tremeu e, *bum!*, explodiu na cara dos dois cozinheiros. Como num desenho animado. Mas sem graça alguma. Claude e eu ficamos atônitos, em pânico, em estado de choque. Os convidados já estavam todos lá e não demoraria muito para o jantar começar. Não havia um fogão reserva, ninguém programa esse tipo de S.O.S., afinal, não é todo dia que um fogão explode! O menu programado incluía uma sequência de quatro serviços, com todos os pratos feitos no fogão ou no forno. Ele era fundamental.

Paramos, olhamos ao redor, e a saída, como naqueles programas de sobrevivência na selva, foi improvisar um fogarei-

"Quarenta minutos antes do agito começar, um fogão deu um piti, sacudiu, tremeu e, bum!, explodiu."

ro. Claude conseguiu fazer o tal cordeiro e, lá pelas tantas, acabou dando uma marretada no fogão e, *shazam!*, o forno ligou. Claude finalizou o cozimento da carne ali. Ficou espetacular, se desmanchando, cheio de sabores e notas inéditas. Já eu resolvi transformar meu peixe em ceviche. No fogareiro não cabiam dois, e eu precisaria de muito tempo de forno. Cortei em cubinhos o peixe superfresco, temperei com os ingredientes que tinha levado para a receita original, e acabou que a versão casou perfeitamente bem para a noite quente carioca.

Ufa! O jantar chegou ao fim. E foi um sucesso. Nem de longe qualquer um dos convidados soube do sufoco que nós dois passamos. É a minha tese: quem comanda bufê está pronto para qualquer operação de guerra. Mesmo a quatrocentos metros de altura.

Por um triz

Fui chamada para produzir o coquetel de abertura de uma loja engajada em questões ambientais, comércio justo e outras bandeiras sociais felizmente tão em voga hoje em dia. Elaborei então um cardápio leve, de comidinhas saudáveis, com ingredientes naturais e orgânicos. Não é difícil para mim migrar para esse tipo de cozinha, tenho bons fornecedores e em qualquer estado me viro bem. Nesse caso, não foi diferente. Estava longe de "casa", mas contei com uma boa fonte, que me forneceu produtos de ótima qualidade.

O cardápio tinha ficado simpático, uma sucessão de miniporções servidas em potinhos de cerâmica ligeiramente refrigerados. Uma das atrações da sequência é uma criação de que gosto muito, combinando raspinhas de cenoura com laranja que completo com grãos de amaranto, o que imprime um sabor diferente, tudo a ver com o espírito da loja. Mas estranhei o visual da receita – onde estavam os grãos de amaranto, o protagonista do prato?

Não precisei muito para entender o ocorrido, uma colherada foi mais do que suficiente para matar a charada: não havia amaranto na saladinha, mas sim amareto, o licor italiano adocicado. O tal do fornecedor trocou as bolas. A combinação ficou espetacular, tanto que incorporei ao meu repertório. Mas, não, não foi para o salão. A pitada alcoólica fugia totalmente ao contexto de tudo e de todos...

Mas não perdi o cliente. Ganhei foi mais um prato.

Manobra de circo

Durante dois anos acompanhei a trupe do Cirque du Soleil. Fui contratada para cozinhar para o espaço VIP, onde os convidados especiais se reuniam para ver o espetáculo. Foi uma das experiências mais bacanas da minha vida viajar com essa trupe genial, parceria sólida e deliciosa. Em centenas de apresentações nos mais variados endereços do país, tudo sempre saía a contento, direitinho, redondinho. Minha equipe ia na frente, se encarregava de ver todos os detalhes e, quando eu chegava, estava tudo organizado me aguardando, pronto para eu entrar em ação.

Mas certa vez, em Porto Alegre... foi trágico. Fui informada de que a montagem da cozinha estava atrasada, mas jamais imaginei que não ficaria pronta a tempo. Foi só na manhã em que cheguei à cidade para conhecer o local e começar a fazer o *mise en place* que me dei conta do tamanho do atraso e da batata quentíssima que tinha que descascar. Não teria cozinha. Não teria como preparar o coquetel para seiscentos convidados a menos de cinco horas da abertura do evento.

De apática, migrei para a porção prática. Liguei para a minha cozinha central de São Paulo e prontamente montei um esquema de emergência: os cinco mil canapés e os seis mil docinhos que havia programado para o coquetel seriam feitos lá, embalados, e embarcados no voo das quatro da tarde que saía de São Paulo para Porto Alegre.

Às 5h20 estava eu no aeroporto, a postos para receber minha preciosa bagagem: os dez carrinhos com os comes e bebes daquela noite.

O aeroporto parou.

Jogam nas onze

Uma coisa aprendi desde cedo: uma boa equipe está apta a fazer qualquer coisa, desempenhar qualquer função, mesmo que fuja completamente da original. Todos os meus funcionários, incluindo os da parte administrativa, faxineira, garçom etc. cozinham e estão aptos a preparar qualquer um dos pratos do cardápio do bufê e do restaurante Capim Santo.

Ponho a minha mão no fogo. Todos passaram pela cozinha, viram de perto a confecção de todos os pratos. E anualmente fazemos uma atualização para deixar todos inteirados das novidades. Daí, quando numa tarde de *overbooking*, com sete eventos nas mãos do Capim Santo acontecendo simultaneamente em locais absolutamente distintos, não me desesperei quando vi que a duas horas de começar um deles, encomendado por um banco, no Shopping Jardins, em São Paulo, ainda não havia chegado um cozinheiro sequer. Alguma coisa havia dado errado, as agendas não bateram, mas não me preocupei em decifrar o episódio naquele momento e sim em tomar providências. Liguei para a minha central e escalei dezoito funcionários do escritório. Em meia hora estavam todos na cozinha. Deram um show, assinaram um coquetel que foi elogiadíssimo. Maior orgulho. Enquanto isso, eu estava em Trancoso cuidando da recepção de um grande casamento em meio a um dilúvio sem precedentes.

Haja sangue frio, jogo de cintura e *savoir faire*...

ELIA SCHRAMM

Aos 34 anos, Elia Schramm é chef revelação da alta gastronomia carioca. Nasceu na Suíça, o que justifica o sobrenome não habitual em terras tupiniquins, mas cresceu no Rio de Janeiro, acostumado a pegar praia, ver o pôr do sol do Arpoador e circular entre botecos e restaurantes estrelados.

Começou estagiando ao lado do chef Roland Villard, no Le Pré Catelan, da rede Sofitel, onde teve sua formação como cozinheiro até ser convidado pelo chef Damien Montecer para a inauguração do restaurante Térèze, no Hotel Santa Teresa.

Depois de se destacar nas cozinhas cariocas, partiu com a cara e a coragem para Paris em busca de novos desafios. Cruzou a porta giratória do Plaza Athenée e encontrou nada mais nada menos do que Alain Ducasse. Tomou coragem e pediu um estágio. De lá, saiu para trabalhar como chef de partie nos também estrelados Le Taillevent e Le Violon d'Ingres.

Retornou ao Rio em 2013, e foi convidado para comandar as áreas VIPs do Estádio Nacional Mané Garrincha, em Brasília, *e do Maracanã, na Copa das Confederações e na Copa do Mundo. De 2014 a 2017, esteve à frente do Laguiole, celeiro da gastronomia carioca, por onde passaram Pedro de Artagão e Ricardo Lapeyre. Agora, prepara-se para abrir seu próprio restaurante no Rio.*

Ducasse no Rio

Do jantar de gala em homenagem ao Alain Ducasse, se não me engano, em outubro de 2007, me lembro do caju recheado que acompanhava a costela braseada com jabuticaba (esse prato viria sofrer modificações e entraria no Menu Amazônia no ano seguinte). Na época eu trabalhava na guarnição, portanto fiquei responsável por cuidar desse bendito caju.

O *sous-chef* na época era o Willians Halles, que obviamente estava bastante estressado, cuidando para que tudo saísse perfeito. Ele nos fez trabalhar praticamente 24 horas seguidas. Lembro que na reta final, já guardando tudo para o grande evento do dia seguinte, o Willians chega ao meu lado e bem secamente diz:

– Não tá padrão, recomeçar!

Eram quinze para meia-noite e não havia nada aberto por Copacabana. Estávamos fritos! Precisávamos de quase 40 quilos de caju para o dia seguinte. Ficamos apavorados. A solução veio em seguida: madrugar no Ceasa!

*"Precisávamos de quase 40 quilos de caju para o dia seguinte.
A solução veio em seguida: madrugar no Ceasa!"*

Eu e mais um cozinheiro, mesmo cansados, tínhamos que garantir o tal caju. Não havia como dormir, afinal íamos servir o mestre Ducasse. A primeira providência foi tomar um café bem forte para espantar o sono. Depois, partimos para Irajá, em direção ao Ceasa.

Chegando lá, não havia uma alma viva. Aquele silêncio, lugar ermo, só com barulhos da noite. E corríamos o risco de não conseguir caju nenhum. Imagina?

Logo na primeira luz que se acendeu por lá, corremos para tentar encontrar a fruta. Mas quem havia chegado era o florista. Nada de caju. Passaram-se duas horas. E o sono e a ansiedade só aumentavam. Até que os vendedores começaram a descarregar diversas caixas e, entre elas, lá estavam eles: cajus fresquíssimos que acabavam de chegar do Rio Grande do Norte! O jantar para o mestre estava salvo!

Ducasse em Paris

Janeiro de 2011. Paris cinza no auge do inverno substituiu o calor de 40 graus que fazia no Rio. Seria minha nova casa pelos próximos três anos. O objetivo era trabalhar nos grandes restaurantes estrelados de Paris. Quais? Ainda não sabia. Claro, eu tinha alguns nomes em mente, mas nenhuma indicação, nem sabia se haveria vaga.

Meu primeiro passo foi comprar o guia Michelin de Paris e mapear todos os restaurantes de interesse. O segundo, escrever uma carta de motivação (para eles é mais importante que o currículo) endereçada a cada chef de cada estabelecimento em que eu almejava trabalhar e bater na porta deles, pedindo uma vaga.

Entre as andanças, estava eu em frente ao Plaza Athenée, perguntando com quem poderia falar para conseguir um trabalho. Para quem conhece Paris, sabe que a simpatia não é o forte dos parisienses, ainda mais com um jovem desconhecido com cara de "você não pertence a esse lugar" adentrando o saguão do mítico hotel.

Chego à recepção e me informam que eu deveria depositar o envelope com o currículo e a carta de motivação num balcão específico ao lado e aguardar o retorno. Não preciso nem dizer a quantidade de envelopes que eles devem receber por dia, e quão rara a sorte de ser selecionado. Se fosse um restaurante de rua seria muito mais fácil chegar ao chef, conversar com ele *tête-à-tête*, mas ali...

Sai desolado pelo saguão e, cruzando a porta de roleta giratória, quem estava lá, entrando no exato momento? Alain Ducasse *lui-même*! De todos os restaurantes que ele comanda no mundo, ou mesmo só em Paris, quais eram as chances de ele estar ali, justamente naquele momento?!

Pensei em tentar falar com ele, contar que sou aquele jovem para quem ele autografou um livro no Le Pré Catelan, na visita que ele fez ao Rio em 2007, para o jantar magno organizado pelo Roland Villard. Será que ele se lembraria? Era minha única cartada.

Mas não tive reação. Saí do hotel, fiquei dois minutos na calçada, sem saber o que fazer e, quando voltei, Ducasse já tinha sumido! *Eu estava frito!* (Ou pior, congelado no inverno parisiense!) Tinha contrariado todas as probabilidades, esbarrado com um dos chefs mais respeitados do mundo, mas perdi a oportunidade de ouro!

Porém, não desisti. Finquei os pés no Relais Plaza – o restaurante do hotel com preços mais camaradas –, certo de que ele apareceria por lá em algum momento. Tomei chá da tarde, comi os doces do Michalak... e valeu a pena. Algumas horas depois, ele adentrou o Relais, e dessa vez não hesitei.

Me aproximei e contei toda a história do Rio de Janeiro, que usei como gancho para pedir o estágio. Engraçado que ele se lembrava de tudo (ou fingiu, para ser educado), e me arrumou um lugar na equipe dele. O destino me deu um empurrão e agarrei – mas não sem uma boa dose de emoção antes.

JANJÃO GARCIA

À frente do restaurante Lorenzo Bistrô e do empório e délicatesse Casa Carandaí, o restaurateur João Luiz Garcia, conhecido como Janjão, é economista e advogado de formação. Mas a cozinha sempre falou mais alto em sua trajetória.

Foi o fundador do saudoso Garcia & Rodrigues, criado em 1997, que chegou a ter quatro filiais no Rio e unidades em São Paulo e Santa Catarina. O primeiro e maior deles, localizado no Leblon, reunia delícias que podiam tanto ser consumidas lá mesmo quanto levadas para casa. Após a venda do Garcia & Rodrigues, Janjão criou a Fiammetta, pizzaria de sucesso ainda em funcionamento no Rio.

Em 2008, apostou e abriu o Lorenzo Bistrô, no Jardim Botânico. A Casa Carandaí, localizada a poucos metros do restaurante, foi uma expansão natural do negócio.

No início de 2015, Janjão lançou a marca própria de produtos da Casa Carandaí, com foco no que produz de melhor – os pães. Além da produção artesanal, a grife inclui insumos selecionados *que passaram pelo crivo e intervenções do* restaurateur*. A marca já totaliza onze itens, da goiabada cascão cremosa, um dos sucessos de venda, aos* grissinis *de alecrim com parmesão, que fazem sucesso no couvert do Lorenzo.*

É proibido proibir

Certo dia, lá no Garcia & Rodrigues, um funcionário aparece para me avisar:

– A família do Ed Motta está lá no café, querem falar pessoalmente com o senhor.

Subo a escada na correria, preocupado com meu amigo, e me sento à mesa com a mãe, uma tia falante, além do médico da família e Edna, sua mulher, parecendo não acreditar muito naquela intervenção.

– Gostaríamos que o senhor proibisse a vinda do Ed aqui – disse a esposa.

Apesar de o pedido me parecer insólito, determinei em reunião com a equipe a proibição da entrada do Ed. Vida de *restaurateur* é repleta de saia-justa.

Passaram-se umas duas semanas de embargo. E um dia novamente aparece um funcionário, para me avisar da presença de um menino de rua na loja com uma lista de compras

"Assumi meu lado investigador, e o rapaz logo revelou o mandante por trás do apetitoso rol."

e dinheiro na mão, pedindo itens como presunto San Daniele, 250 gramas de *foie gras*, queijo Pont-l'Évêque e por aí vai – uma lista pra lá de caprichada. A presença do menino não era nenhum problema, mas aquela encomenda me fez lembrar, curiosamente, de um outro cliente...

Assumi meu lado investigador, e o rapaz logo revelou o mandante por trás do apetitoso rol. Lá estava o nosso Ed Motta, escondidinho do outro lado da Ataulfo de Paiva, atrás de uma fileira de táxis.

Liguei para a Edna, com Ed ao meu lado, e o jeito foi suspender a proibição. Na época ainda não se dizia "Fazer o quê?", mas foi exatamente o que eu pensei.

La table à coté

Tivemos problemas com nossos primeiros fornos na Fiammetta. Uma noite, um cliente simpático mostrou seu dente quebrado por uma mínima pedrinha. Sim, pedrinha. Estava camuflada de alcaparra no meio da pizza à moda de Nice. Mil desculpas, a promessa que seria cumprida de pagar o dentista, a dispensa de pagamento da conta, o constrangimento sem fim pelo episódio.

Alguns minutos depois me chamam em outra mesa, quando me mostram várias pedras sobre uma pizza *margheritta*. Eram diferentes, tipo brita, e se concentravam no último pedaço do tamanho grande... Fiquei atordoado, apesar de nenhum dente quebrado.

Uma moça, talvez não acostumada a estas troças, começou a rir. Não resistiu à farra dos amigos, enquanto eu me preparava para cancelar a conta ou fechar as portas... Confessou, com todos já às gargalhadas, que ouviram o acontecimento da mesa vizinha, foram ao jardim e pegaram pedrinhas de um vaso. Uma farra, eram amigos meus de colégio. No nervosismo do acontecimento anterior e verdadeiro, não reconheci meus velhos colegas inacianos.

Sentei-me com eles, um engenheiro civil, que me deu dicas como resolver ou até reformar os fornos por completo – ou seja, demoli-los. Não precisei fechar as portas aquela noite, convidei a turma da mesa ao lado para se juntar a nós, e um pesadelo virou solução.

Sessão de fotos

Christophe havia preparado os dois nacos de cherne meio superpostos, os legumes em corte *mirepoix*, mas o fotógrafo Sergio Pagano sugeriu umas ervinhas na produção da foto. Tripé, guarda-chuva refletor, tudo pronto, fotógrafo e chef desceram a cozinha para escolher as ervas do décor.

Voltam em poucos minutos, quando Christophe exclamou:

– *Levarrram mon pesce!* – Traduzindo: Um dos nacos de cherne havia desaparecido.

O chef é alsaciano, e seu lado alemão veio à tona quando ficou transtornado olhando furiosamente para todo o salão. Não notou Pagano, às gargalhadas, nem os assíduos clientes da mesa ao lado, que deliciados pela futura novidade do menu, confiscaram parte da receitinha a ser fotografada para experimentar. Rimos muito.

Um par de meias e um chato a menos

Era um dia "premiado": tinha aparecido um daqueles sujeitos implicantes no Lorenzo Bistrô que não parava de reclamar de frio. O *maître* mudou a posição do ar-condicionado, vento pra lá, desliga, sem vento, com vento, uma, duas, três, quatro vezes, mas o cliente insistia em falar direto com o gerente.

Reclamou do "gelo" da varanda e recebeu a informação que o ar já estava desligado, mas que aqui no Jardim Botânico era mesmo frio no inverno. Foi oferecida a ele uma mesa dentro da casa, ou no segundo piso, mas nada resolvia a hipotermia e a iminente pneumonia mencionadas pelo cliente.

O sujeito vestia calça branca justa, curtíssima, aquela que chamávamos de "pescando siri". Estava sem meias, com um belo sapato, italianíssimo, de couro, em contraponto à camisa com um enorme jogador de polo, mangas compridas e uma echarpe felpuda vermelha. Nosso cliente era bem transado, tinha lá seu estilo.

Uma tropa estava sendo mobilizada a cada dois minutos até que o gerente subiu ao segundo piso me pedindo socorro. Sim, isso acontece em restaurantes: gerentes pedem socorro.

Desci e conversei, fizemos um acortinado com toalhas de mesa no beiral da varanda, mas passaram-se outros dois minutos e fui chamado novamente.

– Agora começou um novo furacão em seu gélido restaurante. Rasteiro e me gelando os pés! – reclamou.

Seus dois amigos achavam um pouco de graça. Riam de quê? Pensei: seria uma performance de idiossincrasias ou uma farra combinada?

Não hesitei. Segurando pela ponta dos dedos, ofereci com pesar e educação esta providente peça ao cliente friorento:

– Pronto meu caro, aqui tens um par de meias de primeira. Seus problemas acabaram, não há vento rasteiro que venha te incomodar – disse.

Levantaram-se, risos substituídos por exclamações indignadas, quando o chato maior me diz aos berros:

– Vou ligar para a Luciana Fróes! Sou amicíssimo dela!

Impressão e Acabamento:
INTERGRAF IND. GRÁFICA EIRELI